JN087959

心ときめく 和のお菓子

西川千栄 著

ナツメ社

目次

part I
可愛く作る基本の和菓子

part 2
ほっこりやさしい焼き菓子

Column

本書の使い方

[材料表について]
・計量単位は、小さじ1＝5㎖、大さじ1＝15㎖、1カップ＝200㎖、1合＝180㎖です。
・適量は好みで加減してちょうよい量を入れる、適宜は好みで入れなくてもよい、という意味です。
・サラダ油は特に指定がない場合、好みのものを使ってください。香りの少ない米油、太白ごま油などをおすすめします。
・本書で使用している卵はMサイズ（正味約50g、卵黄約20g、卵白約30g）、バターは食塩不使用、生クリームは乳脂肪40％のものです。

[作り方について]
・電子レンジは出力600Wのものを使用しています。500Wの場合は1.2倍、700Wは0.8倍の時間を目安に加熱してください。
・電子レンジやオーブンレンジは、機種によって温度や加熱時間が異なります。取扱説明書の指示に従い、様子を見ながら調整してください。
・でき上がり写真は盛りつけ例です。材料の分量と異なることがあるのでご注意ください。

[日保ちについて]
・保存の目安は、当日中はなるべく早く、1日ほどは午後に作ったら翌日の日中くらいまで、2日ほどは翌日まで、3日ほどは2〜3日、1週間ほどは6〜7日です。
・冷凍する場合は、なるべくできたてを冷凍してください。空気が入らないようにラップで包み、冷凍用保存袋へ。自然解凍か冷蔵庫解凍、または電子レンジ解凍（蒸し物などは弱で解凍、または温め直しがおすすめ）してください。

おいしさのコツ

お菓子作りには、おいしさを生み出すちょっとしたコツがあります。ここでは、和のお菓子を作る際に抑えておきたい基本的な作業とコツを紹介します。

ゆで小豆缶で作る粒あん

市販のゆで小豆缶を使えば、手軽に粒あんが作れます。

材料（でき上がり量約300g）

ゆで小豆缶——2缶（400g／**a**）

1 鍋にゆで小豆を入れて中火にかけ、焦がさないように絶えず鍋底からすくうように混ぜながら煮詰める。

2 鍋底にゴムべらで混ぜた跡が残るくらいになったら火を止める（**b**）。ゴムべらで少量ずつすくってバットの上に取り（**c**）、布巾をかけて冷ます。

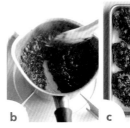

> メモ｜あんは冷めるとかたくなるので、やわらかめで火を止める。

あんを包む

和菓子作りならではの作業。あんを上手に包むコツを紹介します。

1 分割して丸めた生地を手の上にのせ、反対の親指のつけ根で円く押しのばし、ほどよい厚さにする（**a**）。

2 丸めたあんをのせ、上の手の指で軽く押しながら、握るように持つ（**b**）。

3 下の手の親指と人差し指を使って全体を回転させながら、生地を下から上へ少しずつのばし、あんを包んでいく（**c**）。

4 あんが隠れるくらいまで生地がのびたら、指先をきれいにして生地をつまんで口をギュッと閉じる（**d**）。

5 閉じ口を下にして、手の上でやさしく転がして丸く形を整える（**e**）。

湯せんの仕方

材料を入れたボウルを湯につけて温めることを湯せんといいます。

鍋に湯を沸かし、50〜55℃になったら火を止めて、材料を入れたボウルを重ねて温める。チョコレートを湯せんで溶かす場合は、湯に浸けて少し溶けてから（**a**）、全体を大きく混ぜながら溶かす（**b**）。途中で湯の温度が低くなったら、チョコレートを入れたボウルをはずして再加熱する。

食用色素の使い方

和菓子の多種多様な色合いは、他のお菓子には見られない特徴です。

食の安全性の面から注目されているのが、植物由来の天然色素です。従来の食用色素（合成色素）に比べると発色はやわらかく、くすんだ色味になることもありますが、そのゆるい色合いが和菓子作りには好ましいものとなっています。

天然色素は色づきがやさしいので、着色に多くの量が必要です。また、熱が入ると退色するため、加熱をしたり熱い生地を着色する場合は色を強めにつけておく必要があります。

一方、常温の生地の着色は、時間が経って生地になじんでくると色が濃くなるので、理想とする色よりは少し薄めにしておくとよいでしょう。はっきりと発色させたい場合は、少量でしっかり色がつく合成色素の使用をおすすめします。

食用色素は粉末、液体、ジェルの3タイプがあります。本書で使用している粉末タイプは、必ず少量の水で溶いてから使います。しっかり溶けていないと色がきちんと出ないので、丁寧に混ぜてください。加える際は、1〜2滴ずつ。濃い色がついてしまうと調整が難しくなるので注意してください。

天然色素

合成色素

型紙を敷く

型から生地を取り出しやすくするために、紙を敷き込みます。

1 クッキングシートを、側面を合わせた型のサイズに2cmほど加えた長方形（また正方形）に切る。

2 シートの中央に型を置き、底面、側面に合わせて折り目をつける。

3 シートについた折り目の通りにしっかり折り込み、四隅の角になる部分に切り込みを入れる（a）。

4 型に合わせて敷き込む（b）。シートが浮いてしまう場合は、水を塗って貼りつける。

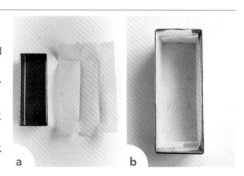

a

b

蒸し器の準備

手持ちの鍋やフライパンが蒸し器になる、フリーサイズの蒸しかごが便利です。

1 鍋（または深めのフライパン）を用意し、蓋に溜まった水滴が落ちるのを防ぐために、蓋に布巾（または手ぬぐい）を巻きつける。布に火がつかないように結ぶ。

2 鍋に沸騰したときに湯がかごに入らない量の水を入れ、蒸しかごをセットする（a）。

3 蓋をして火にかけ（b）、沸騰させて蒸気をしっかり上げる。蒸している途中で水が少なくなってきたら、水を足すなどして空焚きにならないように注意する。

a

b

生クリームの泡立て方

手早く必要なかたさに泡立てるためのコツを紹介。
＊生クリームに砂糖を加えたホイップクリームのコツも同様です。

準備

・生クリームを冷蔵庫で冷やす。

・氷水を用意する。

1 ボウルの底を氷水に当てて泡立て器で泡立てる（a）。

2 泡立ちが進んでボリュームが出てとろりとしてきたら、泡立て器ですくって泡立て加減を確認する。とろみがつき始めるとあっという間に泡立ってしまうので、様子を見ながら進める。

3 六分立て。全体がもったりとして、すくうクリームがとろとろと流れ落ちて消えずに積もり、しばらく残る状態（b）。

4 八分立て。すくうことができ、すくったクリームはやわらかく、ツノがお辞儀するような曲線を描く状態（c）。

メモ｜ツノがピンと立つ状態（九分立て）は、生地に加えたり、塗ったりするには、いくぶん泡立てすぎ。

メレンゲの泡立て方

さまざまなお菓子に登場するメレンゲの上手な立て方をご紹介します。
＊ここではハンドミキサーを使います。泡立て器で手立てするよりも簡単で、きめが整い、コシのあるしっかりとしたメレンゲに仕上がります。

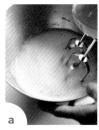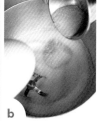

準備

・卵白と卵黄を分ける。卵白に少しでも卵黄が入るときれいなメレンゲに仕上がらない。

・卵白は冷蔵庫で冷やす。

・使用するボウル、ハンドミキサーに水分や油分がついていないかチェックする。

1 ボウルに卵白を入れ、ハンドミキサーの低速で卵白がサラッとするまで泡立ててコシを切る（a）。

2 高速にして泡立てる。全体が白っぽくなって少しふんわりとしてきたら砂糖の1/2量を加え、さらに泡立てる（b）。

3 粗かった気泡が細かくなり、全体がもったりとしてきたら残りの砂糖を加える。

4 全体にツヤが出て、回転しているハンドミキサーの羽根の跡がはっきり残る状態まで泡立てる。

5 ハンドミキサーを持ち上げるとツノがやわらかく立つようになればメレンゲのでき上がり（c）。

バターの扱い方

お菓子に使うバターの状態はさまざま。必要に応じて準備の仕方を変えます。

冷やす……スコーンやタルト生地に使う冷えたかたいバターは、あらかじめ1cm角に切って冷蔵庫で冷やしておく（a）。

常温に戻す……1cm厚さに切って耐熱ボウルに入れ、電子レンジで温めて指で押すとへこむくらいのやわらかさにする（b）。10秒単位で加熱し、そのつど指で押して確認する。

クリーム状のバター……常温に戻したバターを泡立て器（またはゴムべら）で練り混ぜ、マヨネーズのような状態にする（c）。

溶かしバター……電子レンジまたは湯せんで塊が少し残るくらいに溶かし、余熱で完全に溶かす（d）。

冷やす a ／ 常温に戻す b ／ クリーム状のバター c ／ 溶かしバター d

可愛く作る
基本の
和菓子

part

ふんわりしっとりとした生地に粒あんをサンド。
ぱくっと食べられるミニサイズは、ちょっと甘いものが食べたいときにぴったり。
手作りならではのあんのバリエーションも楽しんで!

ミニどら焼き

a　　　　　b　　　　　c　　　　　d　　　　　e

材料（直径7〜8cmのもの4個分）

生地

卵——1個

砂糖——40g

A｜はちみつ——5g
　｜水——大さじ1

薄力粉——50g

重曹——小さじ1/4（1g）

粒あん（p.4「ゆで小豆缶で作る
　粒あん」）——120g

注意

・はちみつを使うので、1歳未満
の乳児には与えないでください。

準備

・卵は常温に戻す。

・Aを合わせてよく混ぜる。

日保ち

1個ずつラップで包み、常温で
3日ほど（生クリームあんは当日
中）。冷凍保存で2週間ほど。

生地を作る

1　ボウルに卵を割り入れて砂糖を加え、
泡立て器で全体が少し白っぽくなる
まで泡立てる。

2　1にAを加えて混ぜ合わせる（a）。薄
力粉と重曹を合せてふるい入れ、粉
気がなくなるまで混ぜる。

焼く

3　フッ素樹脂加工のフライパンを弱め
の中火で温め、2の生地大さじ1をフ
ライパンの中央に一気に流す（b）。

メモ｜つぎ足したりスプーンで広げたりは
しない。

4　表面にポツポツと気泡が出始めたら
裏返して10秒ほど焼き（c、d）、網に
のせて冷ます。同様に全部で8枚焼く。

あんをはさむ

5　4の皮を2枚1組にし、濃い焼き色
がついた面を下にして粒あんをのせ
（e）、もう1枚をのせて軽く押さえてな
じませる。

メモ｜ラップで包み半日ほどおくと、生地と
あんがなじんでしっとりする。

arrange

ドライフルーツあん……［作
り方］干しいちじく25gとくる
み（素焼き）10gを粗めに刻み、
粒あん120gに加えて混ぜ合
わせる。

生クリームあん……［作り方］
生クリーム60gを八分立てに
し（p.6「生クリームの泡立て方」）、粒
あん60gを加えて混ぜる。

上・ドライフルーツあん
下・生クリームあん

フルーツ大福

半分にカットすると現れる色鮮やかな「萌え断」が人気のフルーツ大福。
ひと口ほおばればみずみずしい食感と白あんのやさしい甘さ、
もっちりやわらかい求肥が見事なハーモニーを奏でます。

a　　　b　　　c　　　d　　　e

材料（10個分）

[求肥]

白玉粉——80g

水——150g

砂糖——50g

白こしあん（市販）——100g

好みのフルーツ
　　——ひと口大10個分

＊ここでは、いちご（小粒）、キウイ、パイナップルを使用。

打ち粉・手粉（ともに片栗粉）
　　——適量

準備

・フルーツはヘタや皮を除き、ひと口大に切る（いちごは丸ごと使う／**a**）。

・まな板（または大きめのバット）に打ち粉をたっぷり敷く。

日保ち

当日中。

あんでフルーツを包む

1　白こしあんは10等分（各10g）して丸める。あんは乾きやすいので、ラップをかけておく。

2　手のひらにラップを広げて**1**を1個とって円く伸ばし、フルーツをのせてラップごとあんで包んで丸く形を整える（**b**）。包み終わったらラップを取り、大福ができたとき頂点にしたい方を上にしてバットに並べる。

メモ｜キウイやパイナップルのように水分が多いフルーツは、キッチンペーパーでしっかり水分を吸い取ってから包む。

求肥を作る

3　耐熱ボウルに白玉粉を入れ、分量の水を少しずつ加えながらゴムべらで粒をつぶすようにして混ぜる。粒がなくなったら砂糖を加え、さらによく混ぜる。

4　**3**をラップなしで電子レンジで1分30秒加熱し、取り出して大きく混ぜる。その後は1分ずつ、この作業を生地全体に透明感とツヤが出て、コシのあるもち状になるまで繰り返す（**c**）。

メモ｜少し粘りが出てきたら、様子を見ながら30秒ずつ加熱してもよい。写真は合計で4分ほど加熱したもの。

求肥を分割する

5　準備したまな板に**4**を取り出し、上面に粉がかからないように注意して、向こう側から手前に二つ折りにする。

メモ｜かなり熱くなっているので、触れるくらいに冷ましてから作業する。

6　求肥を少し横長にのばして全体に片栗粉をふる。カードに打ち粉をまぶしながら生地をつぶさないように10等分する（**d**）。

あんを包む

7　両手に手粉をたっぷりまぶし、**6**を1個とってきれいな面を下にして少し押し広げ、**2**のあんの頂点を下に向けておく（**e**）。

メモ｜求肥にあんをのせる前に、上面の余分な粉を刷毛で払っておく。

8　あんを押さえながらひっくり返し、求肥があんに沿って下に少し伸びたら元の向きに戻して軽く握るように持つ。指先で求肥を上にのばしてあんを包み、あんがほぼ隠れたら、求肥をつまんで口をしっかり閉じる（p.4「あんを包む」）。

メモ｜手粉を十分つけながら包む。

9　手の上で閉じ口を下にして丸く形を整え、片栗粉を広げたまな板上に置いて余分な粉を刷毛で落とす。同様にして全部で10個作る。

炊飯器で簡単に作れる4色おはぎ。
もち米にお米を加えて生地のやわらかさを補います。
華やかで楽しいおはぎ作りを楽しんで。

小さなおはぎ

a　　　　　　b　　　　　　c　　　　　　d　　　　　　e

材料（16個）

生地（16個分）

もち米——1.5合

米（うるち米）——0.5合

水——360g

塩——ひとつまみ

基本のおはぎ（4個分）

粒あん（p.4「ゆで小豆缶で作る粒あん」）——120g

ベリーあん（4個分）

白こしあん（市販）——120g

ラズベリーパウダー（p.90）
——小さじ1（約2g）

抹茶きな粉衣（4個分）

粒あん（p.4「ゆで小豆缶で作る粒あん」）——80g

きな粉——大さじ2

A｜抹茶——小さじ1
　｜きび砂糖——小さじ1
　｜塩——少々

くるみ衣（4個分）

白こしあん（市販）——80g

くるみ（素焼き）——25g

塩——少々

特に用意する道具

すりこ木、ビニール手袋

日保ち

当日中。冷凍保存で3週間ほど。自然解凍後、電子レンジの弱で30秒ほど温めると良い。

米を炊く

1　もち米と米を合わせて洗い、ざるに上げて水気をきる。炊飯器の釜に入れて分量の水を加え、普通に炊く。

あんと衣を用意する

2　「基本のおはぎ」は、粒あんを4等分（各30g）して丸める。

3　「ベリーあん」は、白こしあんにラズベリーパウダーを加えてムラなく混ぜ、4等分（各30g）して丸める。

4　「抹茶きな粉衣」は、中あん用に粒あんを4等分（各20g）して丸め、ボウルに**A**を合わせて混ぜる。

5　「くるみ衣」は、くるみをフライパンで乾いりし、ポリ袋に入れてすりこ木などで叩いてなるべく細かく砕く。塩を加えてよく混ぜ、ボウルに移す。中あん用に白こしあんを4等分（各20g）して丸める。

生地を作る

6　1が炊き上がったらボウルに移して塩を加え、水で濡らしたすりこ木で粘りが出るまでつく（**a**）。

7　ビニール手袋をして、6を16等分（各35gほど）して丸める（**b**）。

メモ｜冷めると丸めにくくなるので、熱いうちに手早く丸める。

包む

8　「基本のおはぎ」は、2のあんを1個とって直径4〜5cmに広げ、7を1個のせて粒あんで全体を覆うように包み（**c**）、丸く形を整える。

9　「ベリーあん」は8と同様にして、白こしあんで生地を包み、形を整える。

10　「抹茶きな粉衣」は、7を1個とって直径4〜5cmに押し広げ、4の中あん用に丸めた粒あん1個をのせて生地で全体を覆うように包み（**d**）、丸く形を整える。ボウルに合わせた抹茶きな粉をたっぷりまぶす（**e**）。

メモ｜生地が冷めて包みづらいときは、電子レンジで10秒ほど加熱する。

11　「くるみ衣」は10と同様にして、生地を白こしあんで包み、ボウルのくるみ衣をたっぷりまぶす。

茶まんじゅう

黒糖風味の生地でこしあんを包み、ふんわり蒸し上げた素朴なおまんじゅう。
黒糖をきび砂糖に替えれば、淡い茶色の上品な色合いに仕上がります。

材料（直径約5cmのもの8個分）

【生地】

薄力粉——60g

黒砂糖（粉末）——35g

水——大さじ1

A｜サラダ油——大さじ1
　｜重曹——小さじ1/4
　｜塩——ひとつまみ

打ち粉（薄力粉）——適量

こしあん（市販）——160g

黒いりごま——適量

特に用意する道具

蒸しかご、霧吹き

準備

・こしあんは8等分（各20g）にして丸める。

・バットに打ち粉をたっぷり敷く。

・蒸しかごに布巾を敷き、その上にクッキングシートを重ねる。

・鍋に上記の蒸しかごをセットし、蒸し器の準備をする（p.5「蒸し器の準備」）。

日保ち

1個ずつラップで包み、常温で翌日まで。冷凍保存で3週間ほど。自然解凍後、電子レンジの弱で20〜30秒温めるとよい。

生地を作る

1　黒砂糖に分量の水を加えてよく混ぜ、砂糖が溶けたらAを加えて混ぜ合わせる。

2　ボウルに薄力粉をふるい入れて1を加え、ゴムべらで底から返すようにして粉気がなくなるまで混ぜる（a）。

分割する

3　2の生地をひとつにまとめて準備したバットに取り出し、表面に打ち粉をまぶして手のひらで軽く押して平らにする（b）。打ち粉をまぶしたカードで8等分にする（c）。

メモ｜生地があんを包めないほどやわらかい場合は、打ち粉を混ぜ込んで調整する。

4　両手に手粉を軽くまぶし、3を1個とって手の上で丸めてから軽く押して平らにする。

5　4の中央に丸めたこしあんを1個のせ、生地を少しずつ伸ばしながら包む（d）。生地をつまんで口をしっかり閉じ、閉じ口を下にして手の上で形を整え、刷毛で余分な粉を払う。同様にして全部で8個作る。

蒸す

6　準備した蒸し器の火をいったん止め、5を間隔を空けて並べる。全体に霧を吹きかけ（e）、黒ごまを飾る。

メモ｜霧吹きは、皮のひび割れを防ぐため。

7　蓋をして、中火で10〜12分蒸す。蒸し上がったら取り出し、網にのせて冷ます。

メモ｜手に水をつけて取り出す。蒸し立ては熱いので、火傷をしないように注意する。

arrange

きび砂糖の茶まんじゅう……

［作り方］黒砂糖をきび砂糖に、黒いりごまを白いりごまに替えて同様に作る。

ごまかし

飛騨地方で江戸時代から庶民に愛されてきた、ごまぎっしりのお菓子。
ごまとナッツを香ばしくいり、砂糖と水あめを煮詰めて固めます。

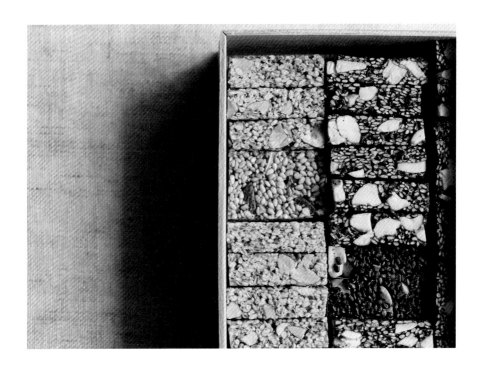

材料（作りやすい分量）

黒いりごま——50g
カシューナッツ（素焼き）
　　　——25g
きび砂糖——30g
水——大さじ2
水あめ——小さじ1

特に用意する道具

めん棒

準備

・カシューナッツは大きめに砕く。

日保ち

密閉容器に入れ、常温で1週間ほど。

生地を作る

1　フライパンに黒ごまとカシューナッツを入れて中火で乾いりし、取り出す。

2　1のフライパンをきれいにしてきび砂糖と水を入れて混ぜ合わせ、中火にかける。ときどきフライパンを揺りながら、泡が大きくなって音がゆっくりになり、茶褐色のカラメル状になるまで加熱する。

3　水あめを加えて火を止め、1を加えて混ぜ、ひと塊にする。

成形する

4　3をクッキングシートに取り出してはさみ、温かいうちにめん棒で伸ばす。ある程度平らになったらクッキングシートを幅8cmくらいに折りたたみ、厚さ7～8mmにのばす。

5　冷めないうちに食べやすい大きさに切り分ける。

arrange
白ごまのごまかし……［作り方］黒いりごまを白いりごまに、カシューナッツをアーモンドに替えて同様に作る。

卵ボーロ

ポルトガル語でお菓子を意味するボーロ。卵のやさしい風味と口に入れると
ホロッと溶ける食感がどこか懐かしいおやつです。

材料（1.5～2cmのもの60～70個）

卵黄——1個

粉砂糖——20g

片栗粉——60g

スキムミルク——6g

準備

・天板にクッキングシートを敷く。

・オーブンを160℃に予熱する。

日保ち

密閉容器に入れ、常温で1週間ほど。

生地を作る

1 卵黄に粉砂糖を加えよく混ぜ合わせる。

2 スキムミルクと片栗粉を順に加え、そのつどよく混ぜ合わせる。

> メモ｜ぼろぼろとしてまとまらなければ、水（または牛乳。分量外）を数滴ずつ加えて様子を見る。べたつくようなら片栗粉（分量外）を加えて調整する。

成形する

3 2の生地を2等分し、それぞれをひも状にする。端から1～1.5cmの大きさにちぎり、天板に並べる。

4 ちぎった生地を手の上で転がして丸め、再び天板に間隔を空けて並べる。

焼く

5 160℃のオーブンに入れ、12～15分焼く。

6 天板ごと網にのせて冷ます。粗熱が取れたらクッキングシートからはがす。

arrange

抹茶ボーロ……［作り方］上記と同様に作る。ただし、作り方2で片栗粉58gと抹茶2gをよく混ぜ合わせたものを加える。

ピンクボーロ……［作り方］上記と同様に作る。ただし、食用色素を少量の水で溶き、作り方1で卵黄と粉砂糖を混ぜた後に加えてよく混ぜ合わせる（p.5「食用色素の使い方」）。

きんつば

粒あんを寒天で固めてようかんにし、衣をつけて焼き上げるきんつば。
手元においしいあんがあれば、家庭で気軽に作れる和菓子です。
粒感たっぷりのあんと白玉粉入りのもっちり衣は相性抜群。
あんこ好きにはたまらない一品です。

  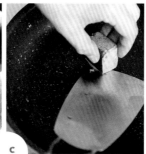 

a　　　　b　　　　c　　　　d

材料（3cm角のもの約10個分）

【ようかん生地】

粒あん（p.4「ゆで小豆缶で作る
　粒あん」）——200g

粉寒天——2g

水——80g

【衣】

白玉粉——5g

水——40g

薄力粉——25g

グラニュー糖——小さじ1

塩——ひとつまみ

特に用意する道具

約9×13×5cmの深さのある
バット、バット（または平らな皿）

準備

・約9×13×5cmのバットの内
　側にラップを敷く。

日保ち

1個ずつラップで包み、冷蔵保
存で3日ほど。冷凍保存で3週
間ほど。

ようかん生地を作る

1　小鍋に分量の水を入れて粉寒天
をふり入れ、サッと混ぜて中火に
かける。沸騰したらそのまま1〜2
分煮立て、火を止める。

2　1に粒あんを加えてよく混ぜ合わ
せ、再び中火にかけて1〜2分煮
る（a）。

メモ｜あんの甘さに応じて、好みでグ
ラニュー糖を加えてもよい。

3　ラップを敷いたバットに流し入れ
て表面を平らにならし（b）、その
ままおいて固める。完全に固まっ
たら取り出し、3cm角に切り分ける。

衣を作る

4　ボウルに白玉粉を入れて分量の
水の少量を加え、ゴムべらで粒を
つぶすようにして混ぜる。粒がな
くなったら他の材料と残りの水を加
えてよく混ぜ合わせ、バット（または
平らな皿など）に移す。

焼く

5　フッ素樹脂加工のフライパンを
弱火で熱し、3の1面に4をつけ
て焼く（c）。同様にして6面を焼き、
網にのせて冷ます。残りのようか
ん生地も同様に衣をつけて焼く。

メモ｜焼き時間が長くなると寒天で固
めたようかん生地が溶けてくるので注
意して。

6　5の粗熱が取れたら、はみ出た
生地をはさみで切り落とす（d）。

arrange

抹茶衣のきんつば……［作り
方］上記と同様に作る。ただし、
衣用の薄力粉に抹茶小さじ
1/2を加えてよく混ぜて抹茶衣
を作る。

19

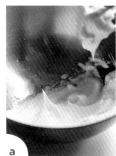    

a　　　　b　　　　c　　　　d　　　　e

雪のように真っ白で、口の中でシュワシュワと消えていく淡雪かんは、
ふわふわのメレンゲに寒天液を加えて冷やし固めた和風ムース。
甘酸っぱいいちごを重ねて、見た目も味わいもキュンとするひんやりスイーツです。

いちごの淡雪かん

材料（流し缶1台分）

【寒天液】
粉寒天——4g
水——200g
グラニュー糖——48g

【メレンゲ】
卵白——1個分
グラニュー糖——12g

いちご——6〜8個

特に用意する道具
約14×11×高さ3cm（容量700㎖）
の流し缶、ハンドミキサー、片手鍋

特に用意する道具
・卵白は冷蔵庫で冷やす。
・いちごはヘタを取り、1cm角に切る。

日保ち
密閉容器に入れ、冷蔵保存で1日。

淡雪かんを作る

1　寒天液を作る。片手鍋に分量の水を入れて粉寒天をふり入れ、サッと混ぜて中火にかける。沸騰したらそのまま1〜2分煮立て、残りのグラニュー糖を加えてさらに1〜2分煮る。

2　メレンゲを作る（p.6「メレンゲの泡立て方」／a）。

3　2のハンドミキサーを低速にし、1の熱い寒天液の3/4量を細く垂らしながら加えて泡立てる（b）。寒天液の1/4量は鍋に残す。

メモ｜寒天液が冷めていたら再加熱する。泡立て器を使った場合は、絶えずかき混ぜながら寒天液を同様に加える。

4　3を流し缶に手早く流し入れて平らにならし（c）、表面が少し固まるまで常温で1〜2分冷ます。

いちご生地を作る

5　片手鍋に残した寒天液を弱火にかけて溶かし、いちごを加えてひと煮立ちさせる（d）。

型に流す

6　4の上に5を流し入れ、そのままおいて固める（e）。粗熱が取れたらラップをして冷蔵庫で冷やす。

7　流し缶から取り出し、好みの大きさに切り分ける。

粒あんを炊いてみよう

難しいイメージのあるあん作りですが、ポイントさえ押さえれば、
調理方法はコトコト煮るだけでとてもシンプル。
自家製だからこそ味わえる、できたてあんのおいしさは格別です。

材料〈作りやすい分量〉

小豆——200g
グラニュー糖——160〜200g
塩——ひとつまみ

日保ち

保存容器に入れて乾燥しないようにラップを密着させ、冷蔵保存で3日ほど。小分けにしてラップに取り、薄く平らにして包んで冷凍用保存袋に入れ、冷凍保存で1か月ほど。使うときは冷蔵庫で解凍する。

ゆでこぼす

1 小豆はサッと洗って水気をきり、鍋に入れてかぶるくらいの水を加えて中火にかける。沸騰して小豆が踊るようになったら水500gを注いで（びっくり水）温度を下げる（a）。

メモ｜びっくり水をして温度を急激に下げることで豆の吸水がよくなり、煮えむらが防げ、皮をやわらかくする効果もある。

2 再び沸騰したらそのまま5分ほど煮て火を止め、ざるにあけてゆで汁を捨て（b）、流水をかけてサッと洗う。

3 鍋をきれいにして小豆を戻し、かぶるくらいの水を入れて中火にかけ、沸騰したらびっくり水をする。再び沸騰したら弱火にし、蓋をして静かに煮立つくらいの火加減で煮る。小豆がゆで汁から顔を出しそうになったら、そのつど水を足してひたひたになるように調整する。

ゆでる

4 40分ほど煮たら小豆をつぶしてみて、やわらかさを確認する。抵抗なくつぶれ、皮まで十分にやわらかくなっていたらゆで上がり（c）。

メモ｜砂糖を加えるとそれ以上小豆はやわらかくならないので、この段階で芯がなくなるまでゆでておくことが大事。

砂糖を加えて煮る

5 4にグラニュー糖を加えてゴムべらでなじませ（d）、豆をつぶさないようにときどき混ぜながら強火で煮詰める（e）。

6 鍋底にゴムべらで混ぜた跡が残る状態になったら塩を加えてひと混ぜし、火を止める。ゴムべらで少量ずつすくってバットの上に取り出し、布巾をかけて冷ます。

メモ｜あんは冷めるとかたくなるので、やわらかめで火を止める。

ほっこり
やさしい
焼き菓子

part **2**

小豆入りパウンドケーキ

たっぷり混ぜ込んだゆで小豆のほっこりとしたやさしい甘さを、
シャリッと砕けるほろ苦い抹茶のアイシングが引き立てます。
溶かしバターを使って、しっとりとしたパウンドに仕上げます。

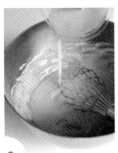

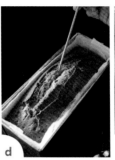

a b c d e

材料（20×7×高さ6cmのパウンド型1台分）

卵——2個

きび砂糖——60g

薄力粉——100g

ベーキングパウダー——小さじ1（4g）

バター——100g

ゆで小豆（缶詰）——120g

抹茶アイシング

粉砂糖——80g

抹茶——小さじ1と1/2

牛乳——大さじ1

特に用意する道具

20×7×高さ6cmのパウンド型、こし器

準備

・卵、ゆで小豆は常温に戻す。
・パウンド型にクッキングシートを敷く（p.5「型紙を敷く」）。
・バターは溶かす（p.6「バターの扱い方」）。
・オーブンを180℃に予熱する。

日保ち

ラップで包み、常温または冷蔵保存で3日ほど。冷凍保存で3週間ほど。

生地を作る

1　ボウルに卵ときび砂糖を入れ、泡立て器でもったりするまで混ぜる。

2　薄力粉とベーキングパウダーを合わせてこし器でふるい入れ、粉気がなくなるまで泡立て器でぐるぐると大きく円を描くように混ぜる。

3　溶かしバターを一度に加え（a）、ムラなく混ぜ合わせる。ゆで小豆を加え、さらにムラなく混ぜる（b）。

焼く

4　生地を型に流し入れ、ゴムべらで表面を平らにならす。

5　180℃のオーブンに入れて10分ほど焼き、生地の表面が焼き固まって薄く焼き色がついてきたら、オーブンから天板ごと取り出し、ナイフで中央に縦に切り目を1本入れる（c）。

メモ｜切り目を入れなくても自然に割れ目はできるが、このひと手間でまっすぐな割れ目ができてきれいに焼き上がる。

6　オーブンに戻し、さらに30分ほど焼く。割れ目部分に焼き色がしっかりついていることを確認し、竹串を刺してみて、生地がついてこなければ焼き上がり（d）。型から出し、網にのせて冷ます。完全に冷めたら、型紙をはずす。

アイシングをかける

7　抹茶アイシングを作る。粉砂糖と抹茶をよく混ぜ、牛乳を加えてとろとろと流れるようになめらかな状態になるまで溶きのばす。

8　6のケーキの上面に、スプーンで7をかける（e）。そのままおいて、アイシングが手につかなくなるまで乾かす。

緑茶と甘納豆のスコーン

サクサク生地に緑茶のうまみと渋みがほんのり広がります。
ヨーグルトを加えて生地に軽さと味わいをプラス。
甘納豆のねっちりとした食感がよく合います。

a　　　　b　　　　c　　　　d　　　　e

材料（小8個分）

A ┌ 薄力粉——150g
　├ ベーキングパウダー
　│　　——小さじ1と1/2（6g）
　├ きび砂糖——15g
　└ 塩——ひとつまみ

緑茶（茶葉）——6g
バター——40g
プレーンヨーグルト
　　——60〜70g
黒豆甘納豆（市販）——45g
牛乳（またはみりん）——適量

特に用意する道具

こし器、カード、刷毛

準備

・Aを合わせてポリ袋に入れ、
　冷蔵庫で冷やす。
・バターは冷蔵庫で冷やす（p.6
　「バターの扱い方」）。
・プレーンヨーグルトは使うまで
　冷蔵庫で冷やす。
・茶葉は細かくする。
・黒豆甘納豆は湯に10分ほど
　浸け、水気をきって半分に切る。
・天板にクッキングシートを敷く。
・オーブンを180℃に予熱する。

日保ち

1個ずつラップで包み、常温で
2日ほど。冷凍保存で2週間ほ
ど。自然解凍後、トースターで
温めるとよい。

生地を作る

1　大きめのボウルにAをこし器でふ
　るい入れ、茶葉を加えて泡立て
　器でよく混ぜる。

2　バターを加え、カードでバターに
　粉をまぶしながら細かく刻む。

3　指の腹でバターをつぶしながら
　粉をまぶす（a）。バターが小豆く
　らいの大きさになったら、両手の
　ひらでバターと粉を手早くすり合
　わせる（b）。全体が黄色っぽくな
　り、そぼろ状になればよい。

メモ｜手の熱でバターが溶けないよう
に、手早く進める。

4　プレーンヨーグルトを加え、カー
　ドで切り混ぜながら粉に水分を
　吸わせる。粉気がなくなったらひ
　とつにまとめ、作業台に取り出し
　て10cm四方くらいに形を整える。

メモ｜生地はぼろぼろとしているくら
いで大丈夫。

具材を混ぜる

5　4をカードで半分に切り、一方の
　上面に準備した甘納豆の1/2量
　をのせ（c）、もう一方を重ねて上
　からギュッと押さえる。

6　5を再び半分に切り、残りの甘納
　豆の1/2量をのせて生地ではさ
　み押さえる（d）。これをもう1回繰
　り返す。

7　6をラップで包み、冷蔵庫で30
　分〜1時間休ませる。

メモ｜ここで休ませることで生地が落
ち着き、しっとりとした仕上がりになる。

8　7の4辺を真っすぐ切り落とし、8
　等分に切り分ける。

メモ｜切り落とした生地は、折りたた
んで四角形にし、切り分けた生地と同
サイズに整える。生地はこねないこと。

焼く

9　8を天板に間隔を空けて並べ、上
　面に牛乳を刷毛で薄く塗る（e）。
　180℃のオーブンで15分焼く。

arrange

ほうじ茶と干し柿のスコーン
……［作り方］緑茶をほうじ茶
に、黒甘納豆を干し柿（やわら
かいもの。7mm角に切る）に替えて
同様に作る。

うめ

みそ

a b c

梅酒入りマドレーヌ

梅酒につけた梅の実を加えたマドレーヌ。
バターの代わりにサラダ油を使い、甘酸っぱくてジューシーな味わいを
引き出します。ワンボウルで手軽に作れる定番焼き菓子です。

材料（直径6cmのマドレーヌ型6個分）

卵——1個
きび砂糖——40g
サラダ油（または米油）——35g
A│梅酒漬けの梅——2個
 │梅酒——小さじ2
薄力粉——50g
ベーキングパウダー
 ——小さじ1/2（2g）

特に用意する道具

直径6cmのカップケーキ型、こし器

準備

・卵は常温に戻す。
・Aの梅を粗めに刻み、梅酒と合わせて混ぜる。
・オーブンを180℃に予熱する。

日保ち

1個ずつラップで包み、常温で3日ほど。冷凍保存で3週間ほど。

生地を作る

1 ボウルに卵ときび砂糖を入れ、泡立て器で白くもったりするまで混ぜる。

2 サラダ油を加え、ムラなく混ぜ（a）、Aを加えて混ぜ合わせる（b）。

3 薄力粉とベーキングパウダーを合わせてこし器でふるい入れ、粉気がなくなるまで泡立て器でぐるぐると大きく円を描くように混ぜる。

焼く

4 マドレーヌ型にスプーンで七分目ほど入れ（c）、180℃のオーブンで12〜15分焼く。焼き上がったら網にのせて冷ます。

arrange

みそ入りマドレーヌ……[作り方] Aをみそ小さじ1、はちみつ10gに替えて混ぜ合わせ、同様に作る。「梅酒入り」より焼き色がつきやすいので、オーブンに入れて10分ほどしたら様子を見て、焦げるようならアルミホイルをかぶせる。
＊はちみつを使うので、1歳未満の乳児には与えないでください。

抹茶と山椒クッキー

深みのある抹茶に、ピリッとさわやかな山椒の香りが広がります。
生地を冷凍庫で冷やし固めることから、別名「アイスボックスクッキー」。
冷やすことで生地の粘りが抑えられ、サクッとした食感になります。

  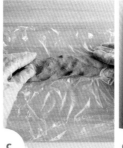  

a　　　　b　　　　c　　　　d　　　　e

材料（直径3cmのもの30〜35個分）

バター——90g

粉砂糖——45g

卵黄——1個

A｜薄力粉——130g
　｜抹茶——小さじ2

粉山椒——小さじ1/2

塩——ひとつまみ

グラニュー糖——約50g

特に用意する道具

ビニール手袋、気泡緩衝材（通称プチプチ）、刷毛

準備

・バターは常温に戻す（p.6「バターの扱い方」）。

・Aを合わせてこし器でふるう。

・バットに気泡緩衝材を敷く。

・天板にクッキングシートを敷く。

・オーブンを170℃に予熱する。

日保ち

保存容器に乾燥剤とともに入れ、常温で1週間ほど。作り方6で冷凍した生地は、そのまま1か月ほど冷凍保存可能。

生地を作る

1　ボウルにバターを入れ、ゴムべらでよく練る。クリーム状になったら粉砂糖を加え、全体がふんわりと白っぽくなるまで練り混ぜる。卵黄も加え、ムラなく混ぜる（a）。

2　ふるった粉類、山椒、塩を加え、生地を底から返すようにして粉気がなくなるまで混ぜる（b）。

3　生地をひとつにまとめてラップで包み、冷蔵庫で30分〜1時間休ませる。

成形して冷やす

4　ビニール手袋をして、生地に空気が入らないようにもみながら棒状にのばす（c）。

メモ｜生地に空気が残るとその部分に、穴が開いた状態で焼き上がってしまうので、しっかりもんで空気を抜く。

5　ある程度の長さになったら2等分し、クッキングシートの上に移して、両手で転がしながら直径2cmほどの棒状にする。

6　クッキングシートでくるくると包み、気泡緩衝材を敷いたバットに2本並べ（d）、冷凍庫で2時間ほど冷やす。

焼く

7　シートを除いて生地の表面に刷毛で水を薄く塗る。バットにグラニュー糖を広げ、その上で生地を転がしてまぶしつける（e）。

8　7を1.5cm厚さの輪切りにする。

9　8を天板に間隔を空けて並べ、170℃のオーブンで15〜20分焼く。焼き上がったら天板ごと網にのせて冷ます。

メモ｜カットしてすぐの冷たい状態で焼くと、きれいな形で焼き上がる。

arrange

きな粉と黒ごまクッキー……
［作り方］上記と同様に作る。ただし、Aを薄力粉120g、きな粉大さじ2（12g）に、粉山椒を黒いりごま大さじ1に替える。

31

a

b

c

d

e

ごまのチュイール

お菓子作りで余りがちな卵白で作る、フランス生まれのパリパリクッキー。
混ぜるだけの生地を小さじで天板に落とし、薄く伸ばして焼き上げます。
ぎっしりのごまとバターが香り高く、噛めば噛むほど香ばしさが広がります。

材料（直径4〜5cmのもの約50枚分）

薄力粉——大さじ1
グラニュー糖——50g
卵白——1個分
バター——15g
いりごま(白・黒)——70g
塩——ひとつまみ

準備

・バターは溶かす（p.6「バターの扱い方」）。
・天板にクッキングシートを敷く。
・オーブンを170℃に予熱する。

日保ち

保存容器に乾燥剤とともに入れ、常温で1週間ほど。

生地を作る

1 ボウルに薄力粉とグラニュー糖を入れて泡立て器で混ぜ、卵白を加えてなめらかになるまでよく混ぜ合わせる(**a**)。

2 溶かしバターを加え、ムラなく混ぜる(**b**)。

3 いりごまと塩を加え、混ぜ合わせる(**c**)。

焼く

4 3を小さじ1ずつすくい、天板に間隔を空けておき、直径3cmくらいの円形になるように薄く広げる(**d**)。

メモ | 広げた生地に穴が開いてしまっても大丈夫。穴が開くくらいに薄くのばした方がパリッと焼き上がる。

5 170℃のオーブンに入れ、全体がきれいに色づくまで10〜15分焼く。焼き上がったら天板ごと網にのせて冷ます。

メモ | 焼き上がったらすぐパレットナイフなどを使って生地をはがし、めん棒などにのせて冷ますとカーブがついてチュイール（瓦）の形になる(**e**)。

    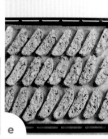

a　　　b　　　c　　　d　　　e

じゃこ入りビスコッティ

「2度焼き」を意味するイタリアの伝統菓子。塊で焼いた生地をカットし、
もう1度焼いて水分をしっかり飛ばすことで、かたくハードな食感になります。
ガリッとかじるとじゃこのうまみが広がるヘルシーおやつです。

材料（約25本）

卵——1個
きび砂糖——45g
サラダ油——大さじ1
薄力粉——120g
ベーキングパウダー
　　——小さじ1/3（約1.3g）
昆布茶——小さじ1/3
黒すりごま——10g
ちりめんじゃこ——20g
アーモンド（素焼き）——50g

特に用意する道具
こし器

準備
・オーブンを180℃に予熱する。

日保ち
保存容器に乾燥剤とともに入れ、
常温で1週間ほど。

生地を作る

1　ボウルに卵を入れて泡立て器で溶きほぐし、きび
　砂糖を加えてすり混ぜる。全体が少し白っぽくなっ
　てもったりしたらサラダ油を加え、ムラなく混ぜる。

2　薄力粉とベーキングパウダーを合わせてこし器で
　ふるい入れ（a）、昆布茶、黒すりごまを加えてゴム
　べらで混ぜる。粉気が残る状態でちりめんじゃこ、
　アーモンドを加えてしっかり混ぜ合わせる（b）。

成形して焼く

3　手に薄くサラダ油（分量外）を塗って2の生地をひと
　つにまとめ、天板に取り出して7.5cm幅で28cm長
　さの平たい棒状（なまこ形）にする（c）。

4　180℃のオーブンに入れ、20分焼く。

二度焼きする

5　天板ごと網にのせて冷まし、粗熱が取れたら生地
　をまな板に移し、温かくやわらかい状態で1cm幅
　に切り分ける（d）。

6　天板に切り口を上にして並べ（e）、160℃に温度を
　下げたオーブンで表面がカリカリになるまで20分
　焼く。焼き上がったら、天板ごと網にのせて冷ます。

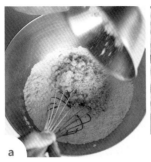 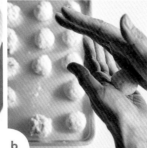 

a　　　　　　　　b　　　　　　　　c

おからドーナツ

おから、豆乳、きな粉で大豆尽くしのドーナツ。
外はかりかりで中はもちもち。やさしい甘さとしっとり食感がおいしい、
繰り返し作りたくなるおやつです。

材料（約14個分）

A　薄力粉——80g
　　ベーキングパウダー
　　　——小さじ1と1/4（5g）
　　きび砂糖——40g
　　塩——ひとつまみ
生おから——100g
豆乳——70〜80g
揚げ油——適量

準備

・生おからはほぐす。

日保ち

常温で2日ほど。冷凍保存で2週
間ほど。

生地を作る

1　ボウルにAを入れて泡立て器で混ぜ合わせ、生お
　　からを加えてさらによく混ぜる（a）。

2　豆乳を加え、粉気がなくなるまで混ぜる。

丸める

3　2をひとつにまとめ、ピンポン玉くらいの大きさに（1
　　個約20g）丸める（b）。

揚げる

4　揚げ油を160℃に熱し、3を入れて全体がきつね
　　色になるまで揚げ（c）、網などにおいて油をきる。

メモ｜好みできな粉、シナモンシュガー、和三盆などをまぶ
しても。

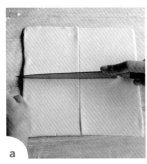
a

b

c

d

焼きいもとあんこのパイ

焼きいもをあんと一緒にパイ生地で包むだけ。
ホクホクの焼きいもとしっとりあんのやさしい味わい、
パイのバター風味が好相性。ひと口食べたら止まらないおいしさです。

材料(4個分)

冷凍パイシート(18cm四方)
——1枚

焼きいも(市販)——100g

粒あん(p.4「ゆで小豆缶で作る
粒あん」)——100g

みりん——適量

黒いりごま——少量

打ち粉(薄力粉)——適量

特に用意する道具

めん棒、刷毛

準備

・冷凍パイシートは常温に10〜15
分おく。
・焼きいもは4等分に切り分ける。
・粒あんは4等分にする。
・天板にクッキングシートを敷く。
・オーブンを200℃に予熱する。

日保ち

1個ずつラップで包み、常温で1日。

組み立て

1 作業台に軽く打ち粉をしてパイシートをおく。表面
にも薄く打ち粉をして、めん棒で20cm四方くらい
にのばす。

2 1を4等分に切り分ける(a)。

3 切り分けたパイ生地に1個分の粒あんをのせ、そ
の上に焼きいもを重ねる(b)。

4 パイ生地で具材をすき間ができないように包み(c)、
閉じ口をしっかり留める。

焼く

5 4を閉じ目を下にして天板に間隔を空けて並べ、
上面にフォークで穴をあける。表面に刷毛でみりん
を塗り(d)、黒いりごまを散らす。

6 200℃のオーブンに入れ、きれいに色づくまで15
分ほど焼く。

あんミルクジャムを作ってみよう

牛乳を煮詰め、あんをたっぷり加えた和テイストのジャム。
小豆の風味とやさしい甘さはほっとするおいしさ。

材料（でき上がり量300g）

牛乳——400g
本みりん——20g
好みのあん
（粒あん*、こしあん）
——200g
＊p.4「ゆで小豆缶で作る粒あん」

特に用意する道具

フッ素樹脂加工のフライパン

準備

・ジャム用の瓶は、熱湯消毒（またはアルコール消毒）をして、よく乾かす。

日保ち

冷蔵保存で1週間ほど。

牛乳を煮詰める

1 フッ素樹脂加工のフライパンに牛乳と本みりんを混ぜ合わせて中火にかけ（a）、絶えず混ぜながら、生クリームくらいのとろみがつくまで10分ほど煮詰める（b）。

あんを加える

2 1にあんを加えてムラなく混ぜ（c）、常に底からすくうように混ぜながらひと煮立ちさせる（d）。

3 瓶に詰めて蓋をし、粗熱が取れたら冷蔵庫で冷やす。

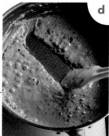

ひんやり
冷たい
和のお菓子

part 3

ほうじ茶みつのプリン

卵、牛乳、きび砂糖のみのシンプルな材料で作る素朴な味のなめらかプリンに、
濃厚なほうじ茶みつをカラメルの代わりに合わせました。
ほうじ茶の香ばしい香りとほのかな苦みでワンランクアップの味わいに。

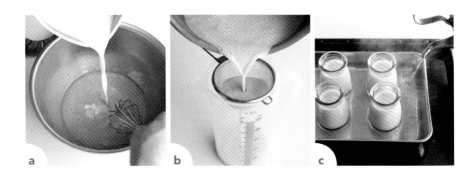

a   b   c

材料（容量90mℓのプリン瓶4個分）

卵——2個
卵黄——1個
牛乳——200g
きび砂糖——40g

【ほうじ茶みつ】

ほうじ茶（茶葉）
　　——ティーバッグ4袋
熱湯——100g

きび砂糖——60g

特に用意する道具

容量90mℓのプリン瓶（耐熱性）
4個、茶こし、注ぎ口つき容器
（計量カップなど）、深めのバット

準備

・卵と卵黄は常温に戻す。
・オーブンを140℃に予熱する。
・蒸し焼き用に、50〜60℃の湯
　を用意する。

日保ち

蓋をして、冷蔵保存で2日ほど。

プリン液を作る

1　ボウルに卵、卵黄を入れて泡立
　て器でよく溶き混ぜる。

2　鍋に牛乳、きび糖を入れ、中火
　で沸騰直前まで温める。

3　1に2を加えて泡立てないように
　混ぜ合わせ（a）、注ぎ口つきの容
　器に茶こしを通して入れる（b）。

蒸し焼きにする

4　天板に深めのバットを置いてプリ
　ン瓶を並べ、3を等分に注ぐ。

5　湯をプリン瓶の底から2cm高さ
　まで注ぎ（c）、アルミホイルをかぶ
　せて140℃のオーブンで20分ほ
　ど蒸し焼きにする。焼き上がった
　らバットから取り出して冷まし、粗
　熱が取れたら冷蔵庫で冷やす。

ほうじ茶みつを作る

6　小鍋にほうじ茶と熱湯を入れ、蓋
　をして10分ほど蒸らして濃いめ
　に抽出する。

　メモ｜ティーバッグを茶こしに取り、ス
　プーンなどでギュッと押してエキスを
　出す。

7　6にきび砂糖を加えて中火にかけ、
　沸騰したらさらに1〜2分煮詰め
　る。

8　7を冷まし、5にかける。

arrange

抹茶みつ……［作り方］1.抹
茶小さじ2を熱湯大さじ1で
溶きのばす。2.小鍋に砂糖と
水各大さじ2を合わせて中火
にかけ、沸騰したらさらに2〜
3分煮詰める。3.1に2を少し
ずつ加えて混ぜ、冷ます。

あんみつ……［作り方］小鍋
に粒あん（p.4「ゆで小豆缶で作る粒
あん」）30gを入れて湯適量で
溶きのばし、好みで砂糖を加
えて中火でひと煮立ちさせ、冷
ます。

左・抹茶みつ　右・あんみつ

しょうがのババロア

とろんとなめらかな口溶けのしょうが風味のババロア。
鼻に抜けるさわやかな香りと、
シロップ煮のピリッとした刺激がくせになるおいしさ。
ゼラチン液と生クリームを同じとろみ加減にするのがポイントです。

a　b　c　d　e

材料（容量70mlのババロア型5〜6個分）

[ババロア生地]

A | 水——大さじ2
　　 | 粉ゼラチン——5g

牛乳——200g

B | グラニュー糖——50g
　　 | しょうが汁——大さじ1

生クリーム——100g

[しょうがのシロップ煮]

グラニュー糖——50g

水——80g

しょうがの薄切り——1かけ分

特に用意する道具

容量70mlのババロア型5〜6個、氷水、バット

準備

・Aの水に粉ゼラチンをふり入れて軽く混ぜ、そのままおいてふやかす。

日保ち

型に入れた状態でラップをかけ、冷蔵保存で翌日まで。

しょうがのシロップ煮を作る

1 小鍋に材料を合わせ、弱火で10分ほど煮る。容器に移し、冷ます（**a**）。

ババロア生地を作る

2 耐熱容器に**B**を合わせて軽く混ぜ、ラップをかけて電子レンジで1分加熱して煮立てる。

> メモ｜生のしょうがに含まれるたんぱく質分解酵素がゼラチンの凝固を弱めるため、しょうが汁はしっかり加熱してから加える。

3 鍋に牛乳と**2**を入れて中火にかけ、沸騰直前で火を止める。**A**を加え、サッとかき混ぜて均一に溶かす。

4 鍋底を氷水に当て、混ぜながらとろみがつくまで冷ます（**b**）。

5 ボウルに生クリームを入れ、底を氷水に当てて**4**と同じくらいのとろみがつくまで泡立てる（**c**）。

> メモ｜ババロアのでき上がりは、生クリームをゆるめに泡立てるととろりとした食感に、強めに泡立てるとふんわりと軽い食感になる。

6 **4**に**5**を加えて混ぜ合わせる。

冷やし固める

7 バットにババロア型を並べて**6**を均等に流し入れ（**d**）、冷蔵庫で2〜3時間冷やし固める。

盛りつける

8 **7**を型から抜いて皿に盛り、しょうがのシロップ煮のしょうがを飾り、シロップをかける。

> メモ｜型から出すときはぬるま湯に5秒ほど浸け（**e**）、皿をかぶせてひっくり返して型を持ち上げてはず。

   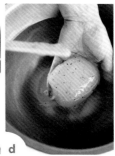 

a　　　　b　　　　c　　　　d　　　　e

フルーツわらびもち

ぷるぷるもちもちの食感が魅力のわらびもち。作り方は意外と簡単。
材料を合わせて火にかけ、ひたすら練り混ぜるだけで完成です。
フルーツソースを加えて、カラフルでポップなスイーツに仕立てました。

材料（4人分）

フルーツわらびもち

キウイわらびもち
わらびもち粉——20g
水——80g
キウイソース（市販）——40g

ストロベリーわらびもち
わらびもち粉——20g
水——80g
ストロベリーソース（市販）
　　——40g

プレーンわらびもち
わらびもち粉——20g
水——100g
グラニュー糖——小さじ1

炭酸ジュース（ジンジャエール、
　サイダーなど）——適量

準備
・大きなボウルにたっぷりの水を用
　意する。

日保ち
冷蔵保存で翌日まで。

フルーツわらびもちを作る

1　鍋にわらびもち粉を入れ、水を加えて溶き混ぜる。

2　1にキウイソースを加えて混ぜ、中火で絶えず混ぜ
　ながら加熱する。火が通ってくると底の部分が透
　明に固まってくるので、そこからはがすようにして全
　体を混ぜる（a）。

3　ところごころ半透明になったらいったん火から下ろ
　し、全体がなめらかになるまで練り混ぜる（b）。

4　再び火にかけ、全体にムラなく火が通って透明に
　なり、粘りが出てくるまで4〜5分練る（c）。

5　4をひと塊にして水をはったボウルの中に落とし、
　何度か水を替えながらしっかり冷ます（d）。

6　5をまな板に置いて四角く形を整え、包丁でひと口
　大に切り分ける（e）。水をはったボウルの中に落とす。

7　作り方1〜6と同様に、ストロベリーわらびもちを作る。

プレーンわらびもちを作る

8　フルーツわらびもちと同様に作る。ただし、フルー
　ツソースの代わりにグラニュー糖を加える。

盛りつける

9　器に6、7、8を均等に入れ、炭酸ジュースを注ぐ。

クリームあんみつ

a　　　　b　　　　c　　　　d　　　　e

和の甘味を代表する看板メニュー、クリームあんみつ。
もちもちの白玉だんごとつるりとしてみずみずしい寒天、やさしい甘さの粒あん、
ひんやりアイスクリーム。そして、赤えんどう豆の代わりに散らした甘納豆。
さまざまな味や食感が詰まったひと品です。

材料（3～4人分）

[寒天]
水——400g
粉寒天——4g

[白玉だんご]
白玉粉——50g
水——約50g

粒あん（p.4「ゆで小豆缶で作る粒あん」）、
　バニラアイスクリーム（市販）、みかん
　（缶詰）、甘納豆（市販）、チェリー（缶詰）、
　黒みつ（市販）——各適量

特に用意する道具
バット、約14×11×高さ5cm（容量700㎖）
の流し缶

準備
・バットにラップを敷く。

日保ち
寒天は冷蔵保存で2日ほど。白玉だんごは
冷凍保存で3週間ほど。

寒天を作る

1　片手鍋に分量の水を入れて粉寒天をふり入れ、サッと混ぜて中火にかける。沸騰したらそのまま1～2分煮立てる。

2　1を流し缶に手早く流し入れて平らにならす。粗熱を取り、固まったら冷蔵庫で冷やす（**a**）。

白玉だんごを作る

3　ボウルに白玉粉を入れ、分量の水を少しずつ加えて耳たぶくらいのかたさに練る（**b**）。

4　3を同じ大きさになるように手でちぎり、ラップを敷いたバットに並べていく（**c**）。ちぎり終わったら、ひとつずつ両手のひらで丸めて再びバットに並べる。

5　鍋にたっぷりの湯を沸かし、4を全量入れてゆでる。浮いてきたらさらに3分ほどゆでてしっかり火を通す（**d**）。中心を押してみて、芯のようなかたい部分がなくて全体がやわらかくなっていればゆで上がり（**e**）。湯をきって冷水に取り、冷ます。

メモ｜白玉だんごは火が通りにくく、芯が残るなどゆで足りない事が多いので、ちょっとやわらかめにゆでる。

6　粗熱が取れたら水気をきり、広げたクッキングシートに取り出す。

盛りつける

7　2の寒天を流し缶から取り出し、好みの大きさに切る。

8　器に7を盛り、粒あん、バニラアイスクリームをのせて6とみかんを添え、甘納豆を散らしてチェリーを飾り、黒みつをかける。

a b c

青じそシャーベット／甘酒シャーベット

青じそをたっぷり加えた、見た目も香りも味わいもさわやかなシャーベットと、
甘酒とバナナの自然な甘みを生かした砂糖なしのヘルシーシャーベット。
暑い夏にぴったりのひんやりおやつです。

材料(作りやすい分量)

青じそシャーベット

A | 水——小さじ2
  | 粉ゼラチン——2g

水——200g
グラニュー糖——80g
レモン汁——大さじ2
青じそ——10枚

甘酒シャーベット

甘酒——200g
バナナ——1/2〜1本

特に用意する道具

保存容器(あればホーロー製または
ステンレス製)、ミキサー

準備

・Aの水に粉ゼラチンをふり入れて
軽く混ぜ、そのままおいてふやか
す。

日保ち

冷凍保存で4日ほど。

青じそシャーベットを作る

1 鍋に分量の水とグラニュー糖を入れて中火にかけ、
  砂糖が溶けたら火を止めてAを加え(a)、サッとかき
  き混ぜて均一に溶かす。そのままおいて冷ます。

2 粗熱が取れたらミキサーに移してレモン汁と青じ
  そを大きめにちぎって加え、青じそが細かくなるま
  で攪拌する(b)。

3 2を保存容器に入れ、冷凍庫で冷やし固める。表
  面が固まってきたら取り出し、スプーンなどで空気
  を含ませるようにかき混ぜ(c)、再び冷凍庫で凍ら
  せる。これを2〜3回繰り返す。

メモ|完全に固まってしまった場合は、少し常温において
から、ミキサーにかけるとよい。

甘酒シャーベットを作る

4 バナナは1cm厚さくらいの輪切りにする。

5 甘酒と4を合わせてミキサーにかけ、保存容器に
  入れて冷凍庫で冷やし固める。

6 表面が固まってきたら取り出し、スプーンなどで空
  気を含ませるようにかき混ぜ、再び冷凍庫で凍ら
  せる。

メモ|甘酒は凍らせてもやわらかいので、繰り返しかき混
ぜなくてもシャーベットになる。

盛りつける

7 3、6をそれぞれスプーンでかき取って器に盛る。

生クリームの代わりに食べ応えたっぷりの豆腐クリームを使いました。
寒天や白玉だんご、ゆで小豆など和素材との相性は抜群。
数滴加えるラム酒の風味がおいしさを引き立てる、大人のパフェです。

おやつパフェ

a

b

c

d

e

材料（3〜4人分）

[豆腐クリーム]

絹ごし豆腐——300g

グラニュー糖——大さじ1

サラダ油——大さじ1

ラム酒——小さじ1/2

[ほうじ茶寒天]

ほうじ茶（茶葉）——ティーバッグ3袋

熱湯——300g

粉寒天——2g

グラニュー糖——大さじ1

[白玉だんご]

白玉粉——50g

水——約50g

カステラ、バニラアイスクリーム、
　ゆで小豆、黒みつ（すべて市販）
　——各適量

特に用意する道具

ミキサー、茶こし、約14×11×高さ5cm（容
量700㎖）の流し缶、バット

準備

・バットにラップを敷く

日保ち

豆乳クリームは冷蔵保存で翌日まで。ほうじ
茶寒天は冷蔵保存で翌日まで。白玉だんご
は冷凍保存で3週間ほど。

豆腐クリームを作る

1　絹ごし豆腐をキッチンペーパーで包み、重しに皿などをの
　　せてひと晩おき（a）、手で簡単に割れないくらいのかたさに
　　なるまでしっかり水切りをする（b）。

2　すべての材料を合わせてミキサーにかけ、なめらかなクリー
　　ムにする（c）。

ほうじ茶寒天を作る

3　鍋にほうじ茶と熱湯を入れ、蓋をして10分ほど蒸らして濃
　　いめに抽出する（d）。

　　メモ｜ティーバッグを茶こしに取り、スプーンなどでギュッと押して
　　エキスを出す。

4　3に粉寒天をふり入れ、サッと混ぜて中火にかける。沸騰し
　　たらそのまま1〜2分煮立てる。

5　4を流し缶に手早く流し入れて平らにならす。粗熱を取り、
　　固まったら冷蔵庫で冷やす（e）。

白玉だんごを作る

6　p.48「クリームあんみつ」の作り方［白玉だんごを作る］と同
　　様にして白玉だんごを作る。

盛りつける

7　5の寒天を流し缶から取り出し、好みの大きさに切る。カス
　　テラも好みの大きさに切る。容器にほうじ茶寒天を入れ、豆
　　腐クリーム、カステラ、バニラアイスクリーム、ゆで小豆を好
　　みで盛りつけ、黒みつをかける。

サクサクと歯切れのよい寒天を、ふるふるの食感に仕上げます。
暑い日にきんきんに冷やして、氷のようにつるんと味わってほしいおやつです。

ふるふる寒天トマトシロップ

材料（4人分）

水——500g
粉寒天——1g

[トマトのシロップ漬け]
グラニュー糖——50g
水——50g
ミニトマト——適量
レモン汁——小さじ2

特に用意する道具

保存容器（あればホーロー製または
ステンレス製）

日保ち

トマトのシロップ漬けは冷蔵保存で
3日ほど。寒天は冷蔵保存で2日ほ
ど。

トマトのシロップ漬けを作る

1　小鍋にグラニュー糖と分量の水
　を入れ、弱火にかける。沸騰し
　たら火を止めて冷まし、レモン
　汁を加える。

2　ミニトマトは皮を湯むきして横
　半分に切り、1に浸けて冷蔵庫
　で冷やす（a）。

寒天を作る

3　片手鍋に分量の水を入れて粉
　寒天をふり入れ、サッと混ぜて
　中火にかける。沸騰したらその
　まま1〜2分煮立てる。

4　保存容器に手早く流し入れて
　平らにならす。粗熱を取って固
　め、冷蔵庫で冷やす。

盛りつける

5　4をスプーンなどですくい取っ
　て器に盛り（b）、2のミニトマト
　をのせてシロップをかける。

a　　b

白あんとあんずのレアチーズケーキ

乳製品と相性抜群のあんを使ったレアチーズケーキ。
白あんベースの生地にあんずジャムを加えてマーブル模様に仕上げました。
きれいな模様を作るコツは混ぜすぎないこと。底生地はビスケットで手軽に作ります。

| a | b | c | d | e |

材料（直径15cmの丸型1台分）

底生地

ビスケット（マリービスケットなど）——50g

白すりごま——10g

バター——30g

チーズ生地

クリームチーズ——200g

白こしあん（市販）——100g

プレーンヨーグルト
　　　——150g

レモン汁——小さじ2

A ｜ 水——大さじ3
　　｜ 粉ゼラチン——8g

あんずジャム——60g

特に用意する道具

直径15cmの底抜けタイプ丸型（フッ素樹脂加工）、ポリ袋、めん棒

準備

・耐熱容器に**A**の水を入れ、粉ゼラチンをふり入れて軽く混ぜ、そのままおいてふやかす。

・白こしあん、プレーンヨーグルトはそれぞれ常温に戻す。

・あんずジャムは果肉があれば茶こしでこす。

・バターは溶かす（p.6「バターの扱い方」）。

・クリームチーズは電子レンジで20〜30秒加熱して常温に戻す。

日保ち

カットしてひと切れずつラップで包み、保存容器に入れて冷蔵保存で2日ほど。冷凍保存で2週間ほど。食べるときは冷蔵庫で解凍する。

底生地を作る

1 ビスケットをポリ袋に入れ、上からめん棒でたたいて細かく砕く。ボウルに移して白すりごまと溶かしバターを加え、ゴムべらでよく混ぜてなじませる。

2 型に入れて底一面に広げ、コップ（または瓶）の底でしっかり押しつけてすき間なく敷き詰める（a）。冷蔵庫に入れて冷やし固める。

チーズ生地を作る

3 ボウルにクリームチーズを入れて泡立て器で練り混ぜてクリーム状にし、白こしあんを加えてなめらかになるまで混ぜる。さらにプレーンヨーグルトとレモン汁を加え、ムラなく混ぜる。

4 **A**を電子レンジで10〜20秒ほど加熱して溶かし、**3**に加えて手早く混ぜる。

メモ｜沸騰させないように、様子を見ながら加熱する。

型に入れ、模様を作る

5 あんずジャムを電子レンジで10〜20秒加熱し、飾り用に小さじ1ほど取り分けておく。

6 **4**を1/4量（約100g）ほど別のボウルに取り分け、**5**を加えて混ぜ合わせる（b）。

7 **2**の型に**4**の残りを流し入れて全体に行きわたらせる。

8 **6**を数か所に分けて流し入れ（c）、箸で線を描くようにマーブル模様を作る（d）。

9 **5**で取り分けたあんずジャムをスプーンで点々と落とし、箸先で点の上にスッと線を引いて花びらのような模様を作る（e）。

冷やし固める

10 冷蔵庫で1時間以上冷やし固める。

メモ｜取り出すときは、型の側面に温めた布巾などを当てて型をはずす。包丁を温めるときれいに切り分けられる。

きな粉のシフォンケーキ

あんクリームのロールケーキ →p.62

きな粉のシフォンケーキ

ふわふわしっとり生地に、ほんのり香ばしいきな粉の香りが広がります。
成功のカギは、角は立つけれどしなやかな弾力のあるメレンゲを作ること。

材料（直径18cmのシフォン型1台分）

シフォン生地

ベース生地

卵黄——60g

きび砂糖——20g

サラダ油——30g

牛乳（または水、豆乳）——50g

薄力粉——50g

きな粉——20g

メレンゲ

卵白——140g

きび砂糖——50g

＊卵黄と卵白は分量をきっちりはかってください。

特に用意する道具

直径18cmのシフォン型、こし器、ハンドミキサー、瓶（冷まし用）、竹串、ペティナイフ、茶こし

準備

・卵黄と牛乳は常温に戻す。

・卵白は冷蔵庫で冷やす。

・オーブンに天板を入れ180℃に予熱する。

日保ち

ラップで包んで保存袋に入れ、冷蔵保存で3日ほど、冷凍保存で3週間ほど。

ベース生地を作る

1 ボウルに卵黄を入れてきび砂糖を加え、泡立て器で全体が少し白っぽくなってもったりとするまですり混ぜる。

2 サラダ油、牛乳を順に加え、そのつど全体がなめらかになるまでしっかり混ぜる。

3 薄力粉ときな粉を合わせてこし器でふるい入れ、粉気がなくなるまで泡立て器でぐるぐると大きく円を描くように混ぜる。

メレンゲを作る

4 ボウルに卵白を入れ、p.6「メレンゲの泡立て方」1〜2を参照して泡立てる。少しボリュームが出てふんわりとしてきたらきび砂糖の1/3量を加え、さらに泡立てる。

5 残りのきび砂糖を2回に分けて加え、4〜5を参照してツノがやわらかく立つまで泡立てる（**a**）。

メモ｜泡立てすぎるとベース生地と混ぜづらくなり、気泡が残ったり潰れたりするので、ツノが立てばよい。

生地を仕上げる

6 泡立て器で**5**の1/3量をすくい取って**3**に加え、混ぜ合わせる（**b**）。全体になじんだら残りのメレンゲの半量を加えてムラなく混ぜる。

7 **6**の生地をメレンゲが残るボウルに移し、ゴムべらでボウルの底から生地をすくうようにして、メレンゲの白い筋がなくなるまでムラなく混ぜる（**c**）。

焼く

8 型に**7**を1か所から一気に流し入れる（**d**）。

9 箸を刺し入れ、ぐるりと円を描くように動かしながら、生地の中にこもっている気泡を抜く（**e**）。

10 180℃のオーブンで30〜35分焼き、型を逆さにして、瓶などに刺して冷ます（**f**）。

メモ｜逆さにして冷ますと、生地の中にこもっている蒸気が抜けやすくなり、膨らんだ形も保てる。

型から抜く

11 完全に冷めたら、型と生地の間にペティナイフ、筒部分に竹串を底まで差し入れ、ぐるっと一周させて型からケーキをはがし（**g**、**h**）、外枠と内枠をはずす。

あんクリームのロールケーキ

粒あん入りクリームを巻き込んだ、どこか懐かしい味わいのロールケーキ。
卵白と卵黄を別に立てるスポンジ生地は、軽くふわふわに焼き上がります。

材料（24.5cm角の型1枚分）

スポンジ生地

メレンゲ
| 卵白——3個分
| きび砂糖——40g

卵黄——3個

きび砂糖——20g

A | サラダ油——大さじ2
  | 水——大さじ2

薄力粉——60g

あんクリーム

生クリーム——150g

粒あん（p.4「ゆで小豆缶で作る
　粒あん」）——150g

特に用意する道具

ハンドミキサー、こし器、天板2枚
（または天板1枚と新聞紙）、カード、
ポリ袋（大）、定規（30cm）

準備

・クッキングシートで24.5×24.5×
　高さ3cmのロールケーキ型を作
　る（a）。
・天板を2枚重ねてロールケーキ型
　を置く。天板が2枚ない場合は、
　型の下に折りたたんだ新聞紙を敷
　く。
・約30×40cmのクッキングシート
　を1枚用意する。
・卵白は使う直前まで冷蔵庫で冷
　やす。卵黄は常温に戻す。
・Aを合わせて混ぜる。
・薄力粉はこし器でふるう。
・オーブンを180℃に予熱する。
・生クリームの泡立て用に氷水を
　用意する。

日保ち

カットして切り口にクッキングシート
を貼りつけ、ひと切れずつラップで
包み、保存容器に入れて冷蔵保存
で2日ほど。冷凍保存で2週間ほど。

スポンジ生地を作る

1 メレンゲを作る（p.6「メレンゲの泡
　立て方」／b）。

2 別のボウルに卵黄を入れてきび
　砂糖を加え、1で使ったハンドミ
　キサー（洗わなくてよい）で全体が
　もったりとして少し白っぽくなる
　まで混ぜる。Aを加え、なじむま
　でしっかり混ぜる。

3 薄力粉を加え、泡立て器で粉
　気がなくなるまでぐるぐると大き
　く円を描くように混ぜる。

4 泡立て器で1の1/3量をすくい
　取って3に加え、混ぜ合わせる
　（c）。全体になじんだら残りのメ
　レンゲの半量を加えてムラなく
　混ぜる。

5 4をメレンゲが残るボウルに移
　し、ゴムべらでボウルの底から
　生地をすくうようにして、メレン
　ゲの白い筋がなくなるまで混ぜ
　る（d）。

型に流して焼く

6 ロールケーキ型の中央に生地を一気に流し入れ、カードで四隅部分まで生地をしっかり広げ、均一の厚みにして表面を平らにする（e）。

7 天板ごと作業台に高さ5cmくらいから2〜3回落とし、生地の中にこもっている空気を抜く。

8 180℃のオーブンで10〜12分焼く。取り出して天板ごと20cm高さくらいから1回落として空気を抜く。

9 生地の側面だけ型紙をはがし、乾燥を防ぐために上面にラップを密着させてポリ袋に入れ、網にのせて冷ます（f）。

あんクリームを作る

10 生クリームを八分立てにし（p.6「生クリームの泡立て方」）、粒あんを加えてムラなく混ぜる。

巻く

11 完全に冷ました生地からラップと型紙をはがす。作業台に用意したクッキングシートを広げ、焼き色がついた面を上にして置き、1辺を少し斜めに切り落とす（g）。

メモ｜斜めに切り落とすと、巻き終わりが安定してきれいに仕上がる。

12 斜めに切り落とした側を奥にして置き、奥側を3cmほど空けてあんクリームをカードを使って塗り広げる（h）。

13 下に敷いたシートごと手前を持ち上げてひと巻きする（i）。これを芯にして、紙を奥に向かって進めながら一気に巻く。

メモ｜シートは上に持ち上げず、作業台と平行になるように進める。

14 最後まで巻いたら、巻き終わりが真下に来るようにし、ロールケーキを巻いているシートの上に定規を当てて、下のシートを向こう側に引っ張る（j）。

メモ｜定規を当ててシートを引くことで、生地全体がぎゅっと締まり、形が整う。

15 シートの両端を折り込んでラップで包み、巻き終わりを下にして冷蔵庫で1時間ほど冷やす。

抹茶のほろ苦さと香りが効いた、大人のティラミス。
マスカルポーネの代わりに水切りヨーグルトを使うことで
いくらでも食べられそうなほど軽やかな仕上がりになりました。

抹茶ティラミス

a　　　　b　　　　c　　　　d　　　　e

材料 (16×21×高さ7cmの容器1台分)

[抹茶スポンジ生地]

メレンゲ
├ 卵白──3個分
└ グラニュー糖──40g

卵黄──3個

グラニュー糖──20g

A ├ サラダ油──大さじ2
　　└ 水──大さじ2

薄力粉──60g

抹茶──大さじ1と1/4

[抹茶みつ]

抹茶──大さじ1

熱湯──大さじ1と1/2

砂糖──大さじ3

水──大さじ3

抹茶──適量

[ヨーグルトクリーム]

水切りヨーグルト──300g
　（プレーンヨーグルト約800g使用）

生クリーム──200g

グラニュー糖──40g

特に用意する道具

16×21×高さ7cm (容量約1ℓ)の容器、ざる、厚手のキッチンペーパー、ハンドミキサー、こし器、天板2枚（または天板1枚と新聞紙）、カード、ポリ袋（大）、定規（30cm）、刷毛、茶こし

準備

・かための濃い水切りヨーグルトを作る。ざるに厚手のキッチンペーパーを広げてボウルにのせ、プレーンヨーグルトを入れてラップをかぶせ、冷蔵庫でひと晩おく。使用するヨーグルトによって使用量の4〜5割の水切りヨーグルトができる。

・p.62「あんクリームのロールケーキ」と同様の準備をする。ただし、薄力粉と抹茶を合わせてこし器でふるう。

日保ち

蓋またはラップをして、冷蔵保存で2日ほど。

抹茶スポンジ生地を作る

1 p.62「あんクリームのロールケーキ」の［スポンジ生地を作る］、［型に流して焼く］と同様に作る。

抹茶みつを作る

2 抹茶を熱湯で溶きのばす。

3 小鍋に砂糖と水を合わせて中火にかけ、沸騰したらさらに2〜3分煮詰める。1に少しずつ加えて混ぜ、冷ます。

ヨーグルトクリームを作る

4 ボウルに生クリームを入れ、底を氷水に当てて泡立て器で八分立てにし(p.6「生クリームの泡立て方」)、水切りヨーグルトを加えて混ぜ合わせる(a)。

組み立てる

5 1を容器に合わせて2枚カットし、1枚を底に敷く。生地の上面に3を刷毛でたっぷり塗り、しみ込ませる(b)。

6 4の半量をのせてカードで平らにならし、残りのスポンジ生地をのせ(c)、3を塗る。

7 残りのヨーグルトクリームを入れて広げ、カードですりきって平らにならし(d)、冷蔵庫で3〜4時間冷やす。食べる直前に茶こしで抹茶をたっぷりふる(e)。

栗と甘納豆のタルト

のばした生地の縁を折りたたむだけの型いらずのラフなタルト。
きな粉感たっぷりのアーモンドクリームに、栗や甘納豆、くるみを散らします。
手づかみでパクッと食べるのがおすすめです。

a

b

c

d

e

材料（直径約18cmのもの1台分）

タルト生地

A ┃ 薄力粉——120g
　┃ きび砂糖——20g

B ┃ 塩——ひとつまみ
　┃ バター——60g

溶き卵——20g

きな粉アーモンドクリーム

バター——40g

きび砂糖——40g

溶き卵——40g

アーモンドパウダー
——20g

きな粉——20g

栗の甘露煮——45g

甘納豆（市販／黒豆、白花豆、
　金時豆、うぐいす豆）
——80g

くるみ——30g

白いりごま——小さじ1

特に用意する道具

カード、めん棒

準備

・タルト生地用のバターは冷蔵
庫で冷やし、きな粉アーモンド
クリーム用のバターは常温に
戻す（p.6「バターの扱い方」）。

・Aを合わせてポリ袋に入れ、
冷蔵庫で冷やす。

・甘納豆はひたひたの湯に10
分ほど浸けて戻し（a）、水気を
きる。

・30cm四方のクッキングシート
を1枚用意する。

・オーブンを180℃に予熱する。

日保ち

常温で4日ほど。

タルト生地を作る

1 大きめのボウルにAをこし器でふ
るい入れ、Bを加える。カードで
バターに粉をまぶしながら細かく
刻む。

2 指の腹でバターをつぶしながら
粉をまぶす。バターが小豆くらい
の大きさになったら、両手のひら
でバターと粉を手早くすり合わせ
る。全体が黄色っぽくなり、そぼ
ろ状になればよい。

3 溶き卵を加え、カードで切り混ぜ
る。粉気がなくなったら手で少し
こねて丸くまとめ、ラップで包んで
冷蔵庫で1時間ほど休ませる。

きな粉アーモンドクリームを作る

4 ボウルにバターを入れ、泡立て
器ですり混ぜてクリーム状にし、
きび砂糖を加えて全体がふんわ
りと白っぽくなるまで練り混ぜる。

5 溶き卵を少しずつ加え、そのつど
よく混ぜ合わせる。

6 アーモンドパウダーを加え（b）、ム
ラなく混ぜる。

組み立てる

7 作業台に用意したクッキングシー
トを広げ、3をのせてラップをか
ぶせ、上からめん棒で直径25cm
くらいの円形にのばす（c）。

8 7の縁から3〜4cm内側にフォー
クで穴をあけ（d）、6を塗り広げ、栗
の甘露煮、甘納豆、くるみを一面
に並べて埋め、白いりごまをふる。

9 生地の縁を、ひだを寄せながらク
リームにかぶせる（e）。

焼く

10 180℃のオーブンで30〜35分焼
く。焼き上がったら、網の上にの
せて冷ます。

米粉で甘酒を作ってみよう

手作り甘酒には、美容と健康にうれしい効果が盛りだくさん。
温めても冷やしてもおいしく、朝のおめざやおやつタイムに最適です。

材料（作りやすい分量）

米粉——50g
水——250g
米こうじ（乾燥）——100g

特に用意する道具

ステンレスボトル（保温保冷。
容量500㎖以上）、保存用の瓶

準備

・米こうじは手でパラパラにほ
ぐす。
・ステンレスボトルに熱湯を注
いで温める。
・保存用の瓶は、熱湯消毒また
はアルコール消毒をして、よく
乾かす。

日保ち

保存用の瓶に入れ、冷蔵保存
で1週間ほど。冷凍対応の保
存容器に入れ、冷凍保存で1
か月ほど。

生地を作る

1 鍋に米粉と分量の水を入れてよく混ぜ合わせ、中火
にかけて焦げないように絶えず混ぜながら半透明のの
り状になるまで4〜5分しっかり煮る（a）。

2 1を60℃まで冷まし、米こうじを加えてよく混ぜる（b）。

メモ｜麹菌は60℃を超えると死滅してしまう。

発酵させる

3 湯をきったステンレスボトルに2を入れ（c）、ボトル内
の温度が下がらないように温かいところに8時間ほど
おいて発酵させる。発酵させている間、ときどきステン
レスボトルの上下を返して生地を混ぜる。

メモ｜でき上がった甘酒は、保存用の瓶などに移して冷まし、
粗熱が取れたら冷蔵庫で冷やす。水や牛乳、豆乳などで割っ
てもよい。

a   b   c

特別な日の
お菓子

春光

波

a

b

c

d

e

練りきり生地

季節の移り変わりをやさしい色や形で表現する練りきり。
通常の練りきり生地は、水分をとばした白あんに求肥を練り込んで
作りますが、ここでは家庭で手軽に作れるレシピを紹介します。
ぜひ挑戦してみてください。

f

材料（8個分）

練りきり生地（約240g）
白玉粉——5g
水——15g
白こしあん（市販）——250g

特に用意する道具
耐熱ボウル、バット、布巾（さらしタイプ）

日保ち
ひとまとめにした練りきり生地をラップで包んで保存袋に入れ、冷蔵保存で2日ほど。冷凍保存で1か月ほど。解凍後は、よくもみ込んでから使う。

練りきり生地を作る

1 耐熱ボウルに白玉粉を入れ、粉と同量の水を加えてゴムべらで粒をつぶすようにしてよく混ぜる。全体がしっとりしたら残りの水を加えてよく混ぜ、ダマのない、なめらかな状態にする。

2 白こしあんを加え、ムラなく混ぜる。

3 2を均一の厚さになるように平らに広げてキッチンペーパーをかぶせ、電子レンジで1分30秒加熱する（a）。

4 取り出して、全体を手早く練り混ぜ、再び電子レンジで1分加熱し、取り出して練り混ぜる。これを数回繰り返し、生地がゴムべらにつかなくなるまで加熱する（b）。

メモ｜水分は余熱でも飛ぶので、少しやわらかいくらいで加熱を終了する。ある程度水分が抜けてきたら、30秒ずつ加熱してもよい。

5 ひとまとめにして布巾に取り、布巾の上からもみ込んでなめらかにする（c）。

6 5の生地を親指くらいの大きさにちぎり、布巾の上に広げて粗熱を取る（d）。

7 生地をひとつにまとめ、布巾の上からよくもんでなじませる（e）。ちぎる、まとめる、もみ込む作業を生地が完全に冷めるまで2～3回繰り返す。生地が空気を含んで少し白っぽくなり、なめらかにのびるようになれば生地の完成（f）。乾燥しやすいので、すぐラップで包む。

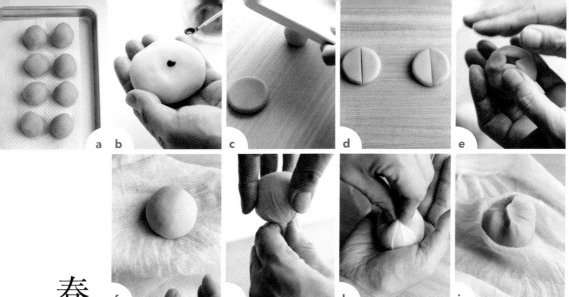

春光

春のやわらかい日差しを茶巾絞りで表現しました。

材料（8個分）

練りきり生地（p.71参照）
――約240g

食用色素（天然由来／赤）
――適量（小さじ 1/10 程度
使用）

白こしあん（市販／中あん用）
――120g

特に用意する道具

ガーゼ

準備

・中あん用の白こしあんは、やわ
らかければバットに敷いたキッ
チンペーパーの上にしばらく
おいて水分を抜く。

日保ち

ラップで包んで保存容器に入れ、
冷蔵保存で2日ほど。

中あんを用意する

1　白こしあんは8等分（各15g）して
丸める（a）。

生地を染める

2　赤の食用色素をごく少量の水で
濃いめに溶く。

3　練りきり生地を2等分し、片方に
2をごく少量つけてよくもみ込ん
で全体に色をつける（b）。食用色
素を1〜2滴ずつつけてはもみ込
み、ムラなく染める。ピンク生地と
白生地ができる。

メモ｜乾燥しないようにかたく絞った
ぬれ布巾かラップをかける。

あんを包む

4　3の生地をそれぞれ4等分して
丸め、バットの裏などで厚さ1cm
ほどの円形につぶす（c）。

5　4の生地を包丁で2等分に切り、
ピンクと白をセットにする（d）。合
わせ目をくっつけてなじませる。

6　5の生地で1のあんを包む（p.4「あ
んを包む」／e）

成形する

7　手のひらの上にかたく絞ったぬ
れガーゼを広げ、6を閉じ口を下
にしてのせ（f）、逆さにしててる
る坊主を作る要領でガーゼの根
元をねじりながらギュッと絞って
茶巾絞りにする（g）。

メモ｜根元から生地がはみ出ないよう
に、しっかりつまんで絞るときれいな
仕上がりになる。

8　根元を持ったまま、ガーゼの上か
ら丸い部分を手のひらで軽く押さ
えて平らにする。

9　逆さに返し、絞った上部に中指、
人差し指、親指をギュッと押し込
んで形を整える（h、i）。残りも同
様に作る。

メモ｜でき上がったものは乾燥しない
ようにかたく絞ったぬれ布巾かラップ
をかける。

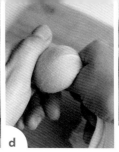

a　b　c　d　e

波

茶巾の絞り方を工夫して、白波の立つ夏のビックウェーブを表現しました。

材料（8個分）

練りきり生地（p.71〜72参照）
——約240g

食用色素（天然由来／青）
——適量（小さじ1/4程度
使用）

白こしあん（市販／中あん用）
——120g

特に用意する道具

ガーゼ

準備

・中あん用の白こしあんは、やわ
らかければバットに敷いたキッ
チンペーパーの上にしばらく
おいて水分を抜く。

日保ち

ラップで包んで保存容器に入れ、
冷蔵保存で2日ほど。

中あんを用意する

1　白こしあんは8等分（各15g）して
丸める。

生地を染める

2　青の食用色素をごく少量の水で
濃いめに溶く。

3　練りきり生地を20g取り分け、残
りの生地に2をごく少量つけてよ
くもみ込んで全体に色をつける。
食用色素を1〜2滴ずつつけては
もみ込み、ムラなく染める。

メモ｜乾燥しないようにかたく絞った
ぬれ布巾かラップをかける。

あんを包む

4　3の生地をそれぞれ8等分して丸
める。

5　水色生地で1のあんを包む（p.4
「あんを包む」）。

成形する

6　白生地を長さ3cmほどの棒状に
し、水色生地の上部に貼りつけ
てなじませる（a）。

7　手のひらの上にかたく絞ったぬ
れガーゼを広げ、6の白生地が
親指と平行になるように縦にして
おく（b）。

8　手首を返してガーゼを生地にか
ぶせ、利き手の親指が白生地と
平行になるように持つ。

9　親指と人差し指でガーゼをはさ
むようにして押さえ、反対の手で
ガーゼを下にギュッと引っ張って
絞る（c）。

10　そのまま親指を軸にして手前へ
折り曲げ（d）、ウェーブを作る（e）。
残りも同様に作る。

抹茶と甘納豆の浮島

しっとりふわふわの食感は、まさに和風のスポンジケーキ。
色味や加える具材を変えていろいろな表情にアレンジできるのも浮島の魅力です。

a　　b　　c　　d　　e

材料（流し缶1台分）

プレーン生地

白こしあん（市販）——100g

卵黄——1個

米粉——15g

抹茶生地

白こしあん（市販）——100g

卵黄——1個

A｜米粉——10g
　｜抹茶——小さじ1（2g）

メレンゲ

卵白——2個分

グラニュー糖——15g

甘納豆

白花豆（市販）——40g

うぐいす豆（市販）——50g

特に用意する道具

約14×11×高さ5cm（容量700mℓ）の流し
缶、蒸し器、布巾、蒸しかご

準備

・卵黄はそれぞれ常温に戻す。

・卵白は冷蔵庫で冷やす。

・流し缶にクッキングシートを敷く（p.5「型紙
を敷く」）。

・蒸し器の準備をする（p.5「蒸し器の準備」）。

・甘納豆は熱湯に通して砂糖を落とし、水気
をきる。白花豆は横半分に切る。

・白こしあんは、冷たければ電子レンジで30
秒ほど加熱して常温に戻す。

・Aを合わせてよく混ぜる。

日保ち

ラップで包んで保存容器に入れ、冷蔵保存
で3日ほど。

生地を作る

1　ボウルを2つ用意し、プレーン生地用と抹茶生地用の白こ
　しあんと卵黄をそれぞれ入れてムラなく混ぜる。

2　プレーン生地用には米粉を加え、抹茶生地用にはAを加
　え（a）、それぞれよく混ぜる。

メモ｜米粉はダマにならないのでふるわなくてよい。

3　メレンゲを作る（p.6「メレンゲの泡立て方」／b）。

4　2に3を半量ずつ加え、それぞれさっくりと混ぜ合わせる。

型に流す

5　流し缶に抹茶生地を流してゴムべらで平らにならし、甘納
　豆をまんべんなく散らす。

6　プレーン生地を上に流し（c）、表面を平らにならす。

蒸す

7　蒸気の上がった蒸し器に6を入れ（d）、蓋をして強火で10
　分蒸し、その後、弱めの中火にして15分蒸す（e）。

メモ｜かなり膨らむので、蓋にかぶせた布巾に上面がくっつかないよ
うに調整する。

8　流し缶から取り出し、冷ます。粗熱が取れたら型紙をはが
　し、好みの大きさに切り分ける。

メモ｜上面を平らにする場合は、かたく絞ったぬれ布巾の上に逆さに
して置き、冷ます。

小豆入りブラウニー

チョコレートと相性のよい小豆を加え、バターを使わずしっとり濃厚に仕上げます。
トッピングは香ばしいくるみと、湯通しをして表面の砂糖を落とした甘納豆。
作り方は混ぜて焼くだけなのでとっても簡単。バレンタインの定番にぜひ。

a　b　c　d　e

材料（4人分）

ビターチョコレート——120g

サラダ油（または米油）——50g

卵——2個

きび砂糖——30g

ゆで小豆（缶詰）——120g

薄力粉——60g

ベーキングパウダー
　　——小さじ1/2（2g）

くるみ（素焼き）——60g

甘納豆（小豆）——25g

特に用意する道具

こし器、15cmの角型

準備

・卵は常温に戻す。

・型にクッキングシートを敷く（p.5「型紙を敷く」）。

・ビターチョコレートは細かく刻む。

・オーブンを170℃に予熱する。

・くるみはフライパンに入れて弱火で香ばしくいり、粗めに刻む（a）。

・甘納豆は熱湯に通して砂糖を落とし、水気を切る。

・鍋に湯せん用の湯を沸かす（p.4「湯せんの仕方」）。

日保ち

ラップで包んで保存容器に入れ、冷蔵保存で3日ほど。

生地を作る

1　ボウルにビターチョコレートとサラダ油を入れ、湯せんにかけて溶かす（p.4「湯せんの仕方」）。なめらかになってツヤが出てきたら湯からはずす（b）。

2　別のボウルに卵を入れて泡立て器で溶きほぐし、きび砂糖を加えてすり混ぜる。

3　1に2を少しずつ加えながらゴムべらで泡立てないように混ぜ、なめらかな状態にする。

4　ゆで小豆を加え、ムラなく混ぜる（c）。

5　薄力粉とベーキングパウダーを合わせてこし器でふるい入れ、くるみをトッピング用に10gほど残して加え、粉気がなくなるまで混ぜ合わせる（d）。

型に流す

6　型の中央から5を流し入れ、ゴムべらで四隅の角まで広げて上面を平らにならす。

7　甘納豆とトッピング用に取り分けたくるみを散らし、生地に軽く押し込む（e）。

焼く

8　170℃のオーブンで20〜25分焼く。

メモ｜見た目ではわかりにくいので、火の通りが心配なときは中央に竹串を刺してみて、生地がついてこなければ焼き上がり。

9　型から取り出して網にのせて冷まし、型紙をはがして好みの大きさに切り分ける。

しょうが入り生チョコ

a　b　c　d　e

板チョコレートで作る口溶けのよい生チョコに、しょうがの絞り汁をプラス。
舌の上でチョコレートの甘みとしょうがの辛みが絶妙に混ざり合います。
材料は少なく冷やし固めるだけ。たくさん作れるので友チョコにもおすすめです。

材料（2cm角のもの約25個分）

ビターチョコレート
　　　　——200g
生クリーム——100g
しょうが汁——小さじ2
ココアパウダー——適量
塩（トッピング用）——適宜

特に用意する道具

10×13×高さ2.5cmのバット、
茶こし

準備

・バットにクッキングシートを敷く
　（p.5「型紙を敷く」／a）。
・ビターチョコレートは細かく刻
　む。
・鍋に湯せん用の湯を沸かす
　（p.4「湯せんの仕方」）。

日保ち

保存容器に入れ、冷蔵保存で
3日ほど。

生地を作る

1　ボウルにビターチョコレートを入
　れ、湯せんで溶かす（p.4「湯せんの
　仕方」／b）。なめらかになってツヤ
　が出てきたら湯からはずす。

2　耐熱ボウルに生クリームとしょう
　が汁を入れ、電子レンジで様子
　を見ながら15〜20秒加熱し、沸
　騰直前まで温める。

3　1に2を少しずつ加えながらゴム
　べらでムラなく混ぜる（c）。全体が
　とろりとなってツヤが出るまで混
　ぜる（d）。

冷やし固める

4　バットの中央から3を流し入れ、
　ゴムべらで四隅の角まで広げて
　上面を平らにならす（e）。そのまま
　冷蔵庫で12時間以上冷やして
　固める。

切り分ける

5　バットからクッキングシートごと取
　り出してシートを広げ、茶こしで
　ココアパウダーをふる。裏返して
　裏面のシートをはがし、ココアパ
　ウダーをふる。

6　包丁の刃を40℃くらいの湯に浸
　けて温め、水気をよく拭き取って
　5を2cm角に切り分ける。切り終
　えたら再びココアパウダーをたっ
　ぷりふって全体にまぶす。器に盛
　り、好みで上面に塩少々を飾る。

arrange

ゆずこしょう入り生チョコ
……［作り方］上記と同様に作
る。ただし、しょうが汁の代わ
りに、ゆずこしょう小さじ2/3
を分量の生クリームから少量
取り分けて溶きのばして加える。
仕上げに塩は飾らず、包丁の
背でラインを入れる。

ほうじ茶キャラメル

ほうじ茶を煮出して生クリームと牛乳に香りを移し、フライパンで煮詰めます。
甘くほろ苦いキャラメルの中に、ほうじ茶の芳ばしい風味が広がる生キャラメル。
ひと粒でもしっかりほうじ茶を感じられる濃厚な味わいです。

材料（2cm角のもの約25個分）

生クリーム——100g

牛乳——100g

ほうじ茶の茶葉
——ティーバック2袋
（約4g）

グラニュー糖——40g

水あめ（またははちみつ）
——20g

特に用意する道具

フッ素樹脂加工のフライパン、
氷水、10×13×高さ2.5cmの
バット

準備

・バットにクッキングシートを敷く。

日保ち

1個ずつラップで包んで保存袋
に入れ、冷蔵保存で2週間ほど。
冷凍保存で1か月ほど。

キャラメル液を作る

1 小鍋に生クリーム、牛乳、ほうじ茶の茶葉を入れて中火にかけ、沸騰直前で火を止めて蓋をし、10分ほど蒸らして濃いめに抽出する。

2 1をフッ素樹脂加工のフライパンに入れ、グラニュー糖と水あめを加えてムラなく混ぜる。

> メモ｜ティーバッグをギュッと絞ってエキスも加える。

3 2を中火にかけ、静かに混ぜながら煮る。ふつふつとしてきたら弱火にし、焦がさないように絶えず混ぜながら10分ほど煮詰める。キャラメル色になってとろみがつき、フライパンの底にゴムべらで円を描きすぐに消えないくらいまで煮詰まったら(a)、氷水に1滴落としてみて、散らずにすぐ固まれば火から下ろす(b)。

固める

4 バットに流し入れ(c)、粗熱が取れたら冷蔵庫に入れてキャラメル液が少し固まるまで30分ほど冷やす。

5 4を取り出し、クッキングシートを折りたたんで厚さ1.5cm（7×10cmほど）くらいになるように形を整える(d)。再び冷蔵庫に入れてしっかり冷やし固め、好みの大きさに切り分ける。

arrange

酒粕キャラメル……[作り方]
上記と同様に作る。ただし、作り方1で酒粕20gを耐熱容器に入れて分量の牛乳から大さじ2取り分けて加え、電子レンジで1分ほど加熱し、茶こしでこしてペースト状にする(e)。これを生クリーム、残りの牛乳とともに小鍋に入れ、沸騰直前まで煮る。

かぼちゃと黒ごまのマーブルパウンドケーキ

たっぷり練り込んだかぼちゃと
黒練りごまの生地でハロウィンカラーに。
サラダ油を使うことで軽い口当たりになり、
冷めてもしっとり感が続きます。

Trick or Treat

a　b　c　d　e

材料（20×7×高さ6cmのパウンド型1台分）

卵——2個

きび砂糖——70g

かぼちゃ——1/8個（正味150g）

サラダ油（または米油）——70g

薄力粉——100g

ベーキングパウダー
　　——小さじ1と1/4（5g）

黒練りごま——25g

かぼちゃの種（素焼き）——10g

特に用意する道具

20×7×高さ6cmのパウンド型、耐熱ボウ
ル、こし器

準備

・卵は常温に戻す。

・パウンド型にクッキングシートを敷く（p.5
「型紙を敷く」）。

・オーブンを170℃に予熱する。

日保ち

ラップで包み、常温で3日ほど。

生地を作る

1　かぼちゃは種を除いて3cm厚さくらいに切り、水にくぐらせ
てから耐熱ボウルに入れてラップをかけ、電子レンジで3
分30秒ほど加熱してやわらかくする。皮をむいてフォークな
どでつぶしてペースト状にする。

2　ボウルに卵ときび砂糖を入れ、泡立て器でもったりするまで
混ぜる。

3　1を加えてムラなく混ぜ合わせ（a）、サラダ油を加えてなじん
でツヤが出るまで混ぜる。

4　薄力粉とベーキングパウダーを合わせてこし器でふるい入
れ、ゴムべらで粉気がなくなるまで生地を底からすくい上げ
るようにして混ぜ合わせる。

5　4の1/5量（約100g）を別のボウルに取り分け、黒練りごま
を加えてムラなく混ぜる（b）。

マーブル模様にする

6　型にかぼちゃ生地の半量を入れ、その上に5の練りごま生
地をゴムべらですくって間隔を空けて4〜5か所おく（c）。

7　空いたところを埋めるように残りのかぼちゃ生地をゴムべら
ですくっておいていく（d）。

8　すべての生地を入れたら、へら（または箸）で筋を入れるよう
にしてマーブル模様を作っていく（e）。四隅の角まで生地を
行きわたらせ、表面を軽くならして平らにし、かぼちゃの種
を散らす。

焼く

9　170℃のオーブンで35〜40分焼く。割れ目部分に焼き色
がしっかりついていることを確認し、竹串を刺してみて、生
地がついてこなければ焼き上がり。型から出し、網にのせ
て冷ます。完全に冷めてから型紙をはがす。

ブッシュ・ド・ノエル

可愛いミニサイズのブッシュ・ド・ノエルはプレゼントにもおすすめ。
抹茶のほろ苦さが効いたスポンジ生地とあんクリームは王道の組み合わせ。
素材の持ち味を生かしたやさしい味わいで、あっという間に完食間違いなしです。

a   b   c   d   e

材料（長さ約10cmのもの2台分）

抹茶スポンジ生地

メレンゲ
┃ 卵白——3個分
┃ グラニュー糖——40g

卵黄——3個

グラニュー糖——20g

A ┃ サラダ油——大さじ2
┃ 水——大さじ2

薄力粉——60g

抹茶——5g

あんクリーム

生クリーム——100g

こしあん（市販）——100g

デコレーション用クリーム

生クリーム——100g

きび砂糖——小さじ2

粉砂糖——適量

特に用意する道具

ハンドミキサー、こし器、天板2枚（または天板1枚と新聞紙）、カード、ポリ袋（大）、定規（30cm）、茶こし

準備

・p.62「あんクリームのロールケーキ」と同様の準備をする。ただし、薄力粉と抹茶を合わせてこし器でふるう。

日保ち

切り口にクッキングシートを貼りつけ、保存容器に入れて冷蔵保存で翌日まで。

抹茶スポンジ生地を作る

1 p.62「あんクリームのロールケーキ」の［スポンジ生地を作る］、［型に流して焼く］と同様に作る。

あんクリームを作る

2 ボウルに生クリームを入れ、底を氷水に当てて泡立て器で六分立てにし（p.6「生クリームの泡立て方」）、こしあんを加えてムラなく混ぜる（a）。

巻く

3 p.63「あんクリームのロールケーキ」の［巻く］と同様に作る（b）。

メモ｜こしあんで作るあんクリームはやわらかく、使用する量も少ないので、「あんクリームロールケーキ」より細巻きになる。

デコレーション

4 3のロールケーキを2等分に切り、左右の端から3cmあたりを斜めに切る（c）。

5 ボウルに生クリームときび砂糖を入れ、底を氷水に当てて泡立て器で八分立てにする（p.6「生クリームの泡立て方」）。

6 長い方の生地の表面に5を塗る。斜めにカットした生地を断面を上にしてのせ、側面にクリームを塗る。全体に均一の厚さになるようにクリームを塗り重ねる（d）。

7 フォークを使って木の幹のような筋模様を入れる（e）。器に盛り、茶こしで粉砂糖をふる。

心ときめく ラッピングアイデア

手渡す時間がより楽しくなるラッピングアイデアの提案です。
どのアイデアも、家にある身近なものを利用した簡単なものばかり。
贈る側も受け取る側も心ときめくラッピング、ぜひチャレンジしてみてください。

ミニどら焼き (p.8) やマドレーヌ (p.28) は1個ずつクッキングシートで包み、帯状に切った和紙に
アルファベットのゴム判子であんの種類や具材を記して巻きます。

ポチ袋は、ビスコッティ(p.34)などよく焼き込んだクッキーの個包装に最適です。

パウンドケーキ(p.82)がすっぽり包めるサイズの和紙(または好みのラッピングペーパー)を広げ、その上に同サイズのクッキングシートを重ねてパウンドケーキを包み、かけ紙をして赤帯をかけます。

切り分けたパウンドケーキ(p.82)はひと切れずつクッキングシートを巻き、白紙で作った袋に入れて上部を裏側に折り返し、葉(写真は木の芽。ハーブ、小花、ドライフラワーなどでも)を添えてホチキスで留めます。

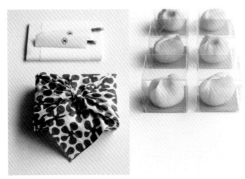

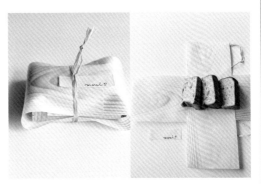

練りきり(p.70)は、1個ずつ6cm四方にカットした経木(写真は両面ラミネート加工した経木柄敷紙)にのせ、6cm角のクリアボックス(市販)に入れます。これを空き箱に並べ入れ、手ぬぐい、ハンカチなどで包み、懐紙と菓子楊枝を添えます。

カットしたシフォンケーキ(p.58)は、まとめて経木で包んで経木ひもで結び、メッセージカードをはさみます。経木は古くから日本で使われていた天然の包装材。通気性、抗菌性、調湿作用に優れ、ふんわり香る木の香りや美しい木目も魅力です。

和のお菓子の詰め合わせ。クッキングシートを敷いた木箱に、仕切り紙をはさんで彩りよく詰め込んで。クッキングシートで包んだら、ひもを結んで完成です。詰め合わせには、かごなどを使っても。

和のお菓子作りに使う 基本の材料

粉類

和のお菓子では
米粉をよく使います。

白玉粉
もち米を水に浸し、乾燥させた後、細かく挽いたもの。つるりとした口あたりで、きめの細かい生地に仕上がります。

上新粉
うるち米を水に洗い浸し、粉砕して乾燥させたもの。歯切れのよい、もっちりとした弾力が持ち味です。

米粉
うるち米が原料。上新粉よりも粒子が細かく、サラサラとしてダマになりにくい。薄力粉のように使えます。

わらびもち粉
さつまいもやじゃがいものでんぷんを配合したもの。本わらび粉入りに比べて手ごろで、色は白〜透明に仕上がります。

片栗粉
じゃがいものでんぷんを乾燥させたもの。ぷるんとした口あたりと歯切れのよさが特徴です。

薄力粉（菓子用）
粒子が細かく、たんぱく質の量が少ないため、繊細でなめらかな口溶けが楽しめます。

アーモンドパウダー
アーモンドを粉状にしたもので、焼き菓子の生地に混ぜると、香ばしい風味やコクが加わります。

糖類

種類を使い分けることで、甘みや生地の食感、焼き色などが変わります。

グラニュー糖
サラサラで純度の高い砂糖。甘みが軽く、クセがないので、上品であっさりと仕上げたいお菓子に最適。

粉砂糖
上白糖の粒子をさらに細かくしたもの。溶けやすく、口あたりのよい生地に仕上がります。

きび砂糖
さとうきびの液を煮詰めたもの。コクや香ばしさがあり、まろやかな甘さが楽しめます。

黒砂糖
さとうきびの搾り汁を煮詰めて固めたもの。濃厚な甘さと独特の風味がある。粉状のものが便利です。

あん類

和菓子でおなじみのあんは、
洋菓子にもよく合います。

こしあん

やわらかく煮た小豆を裏ご
ししてから練り上げたもの。
なめらかで、上品な口あた
りが魅力です。

白こしあん

手亡豆や白花豆などで作
られる、あっさりとした味わ
いの乳白色のあん。

ゆで小豆

小豆を砂糖と煮て、粒の
形を残して仕上げたもの。
本書ではゆで小豆缶で粒
あんを作ります。

小豆

北海道、丹波などが産地
として有名。粒の大きいも
のは「大納言」と呼ばれて
います。

水あめ

とうもろこしやじゃがいもの
でんぷんが原料。砂糖より
も甘みが軽やかで舌ざわり
のよい生地になります。

はちみつ

上白糖よりも糖度が高く、
保水性があるためしっとり
した生地になり、濃い焼き
色がつきます。

凝固類

あんみつ、きんつば、ようかんなど
生地を固める役目をします。

粉寒天

テングサを主とした海藻が原料で、常温で固ま
るのが特徴です。粉寒天は棒寒天に比べて透
明感に欠けますが、煮溶かすだけで使えるので
便利です。

粉ゼラチン

コラーゲン由来のたんぱ
く質でできています。沸
騰させると固まらなくなる
ため、50〜60℃の液体
に溶かして使います。板
ゼラチンよりも扱いやす
いでしょう。

膨張剤

生地に混ぜると炭酸ガスを発生
させ、お菓子の膨らみをよくします。

重曹

独特の風味があり、焼き
色が濃くなるので、茶ま
んじゅうやどら焼きの皮
など素朴なお菓子に向
いています。多く加えると
特有の苦みが出ます。

ベーキングパウダー

生地の風味や色を損な
わす軽い食感に仕上がり
ます。水分と反応するの
で、混ぜた後はすぐに加
熱しましょう。だまがある
ので粉と一緒にふるいま
す。

基本の材料

食用色素

お菓子を彩りよく
見せてくれます。

フルーツパウダー（左）

主にクランベリーやラズベリー、マンゴーなど
色の濃い果汁を乾燥させた粉末の着色料。フ
ルーツの自然な色や風味が楽しめます。

食用色素（右）

赤、黄、青などがあり、生地の色付けに使用。
野菜や海藻など天然由来のものも多く出回って
います。

お茶

清々しい香りと味わいがアクセントに。
お菓子がグッと和の雰囲気をまといます。

抹茶

特別な栽培法の茶の若芽を細かく挽
いたもの。風味づけや着色料としても
使います。冷菓用は飲んでおいしい薄
茶用の抹茶を、加熱する場合は製菓
用の抹茶もおすすめです。

こぶ茶

少量を生地に加える
だけで、コクがアップ
します。

日本茶ティーバッグ（緑茶・ほうじ茶）

茶葉が細かく粉砕されているので、味や
色が濃く抽出され、お菓子作りに向いて
います。

乳製品

クリームやバターなどの乳製品はあんとよく合い、
お菓子にまろやかな風味をプラスします。

バター（食塩不使用）

生地に混ぜるとのびがよく、香り豊
かでしっとりした食感になります。お
菓子作りには食塩を加えていないも
のを選びます。

生クリーム（乳脂肪分40%）

牛乳を遠心分離機にかけて水分を
減らし、乳脂肪分を高めたもの。
パーセンテージが高いほど濃厚で
す。本書では乳脂肪分40%のもの
を使用しています。

スキムミルク

牛乳から水分と脂肪分を除き、粉
末状にしたもの。生地に混ぜるとほ
んのりしたミルクの香りと甘みが加
わります。

クリームチーズ

牛乳とクリームから作る非加
熱性のフレッシュチーズ。さわ
やかな酸味とミルクの風味が
あり、なめらかな口あたりが楽
しめます。

プレーンヨーグルト

牛乳を乳酸の力だけで発酵さ
せたヨーグルト。酸味や濃度
に違いがあるので、お菓子に
合わせて選ぶのがおすすめ。

その他

シンプルなお菓子は、材料の持ち味ででき上がりに差がつくもの。
品質のよいものを選びましょう。

きな粉

いった大豆を粉にしたもの。湿気を吸うので、開封後は香ばしいうちに使い切りましょう。

生おから

豆腐を作る際、豆乳を搾った後に残る搾りかす。本書ではドーナツ生地に混ぜて使います。

酒粕

もろみから日本酒を搾り出す際に残る副産物。本書ではキャラメルの生地に使います。

米こうじ

蒸したお米にこうじ菌を繁殖させたもの。米こうじで作る甘酒はアルコール成分を含まないので、子どもでも安心して飲めます。本書では乾燥こうじを使います。

甘納豆

白花豆、金時豆、小豆、うぐいす豆などを砂糖漬けにした和スイーツ。やさしい甘さとしっとりとした食感は、蒸し菓子や焼き菓子の具材に最適です。

冷凍パイシート

冷凍保存用に作られたシート状のパイ生地。本格的なパイ菓子が手軽に楽しめて便利です。バターの豊かな風味があんを引き立てます。

ビターチョコレート（板チョコレート）

あんとチョコレートの意外で絶妙な相性。本書では甘さ控えめでカカオ分の高いビターチョコレートを使います。

フルーツソース

いちご、キウイなどの果実に糖分を加えてソースにしたもの。鮮やかな色合いを生かし、本書ではわらびもちの生地に混ぜて使います。

和のお菓子作りに使う　基本の材料

和のお菓子作りに使う 基本の道具

はかる

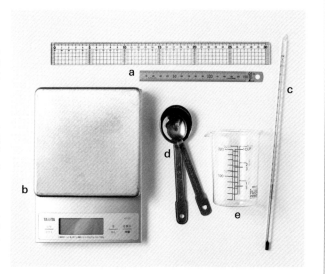

a. 定規

厚さや長さの確認、等分に切り分けるなど、お菓子作りには定規は必需品。製菓専用に1本用意しておくと重宝します。

b. デジタルスケール（はかり）

ひと目で1g単位までわかり、最大1kgまではかれるデジタル式がおすすめ。小数点以下（0.1g）まではかれる、風袋機能つきタイプがあればベスト。

c. 製菓用温度計

数値が読みやすいデジタルは便利ですが、耐熱強化ガラス製の棒状タイプは誤差が少なく、安価でおすすめ。

d. 計量スプーン

大さじは15㎖、小さじは5㎖。粉類はすりきりで、液体は盛り上がるまで入れてはかります。

e. 計量カップ

主に液体の体積をはかるときに使います。レンジ対応の耐熱ガラス製のものがおすすめ。

ふるう

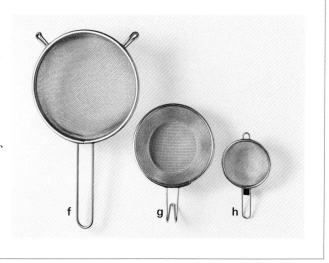

f. 万能こし器（ストレーナー）

裏ごし器と粉ふるいが兼用でき、液状のものをこしたり、材料の水気をきるときにも使える万能タイプ。

g. 柄付きミニざる

お菓子作り専用のふるいがあると便利ですが、毎日の調理に使っているざるでも十分。本書では直径10cmほどの柄付きタイプも使用。

h. 茶こし

少量の粉類や液体をふるう、こすときに便利。目の細かいものがおすすめです。

混ぜる

i. 耐熱ボウル

耐熱のガラス製で電子レンジにもかけられるので、あんや生地を焦がさず加熱できます。直径5cm〜15cmのものが使いやすいです。

j. ステンレス製ボウル

大小を揃えて、用途で使い分けます。大きいサイズは、直径30cm以上のものを用意すると便利です。

k. 泡立て器

ワイヤーの間隔が狭く、丸みのあるものがよく泡立ちます。大小を揃え、ボウルの大きさに合わせて使い分けます。

l. ゴムべら

ボウルの中身を無駄なく取り出せ、材料をさっくり混ぜ合わせるのに最適。熱に強いシリコン製で、適度に弾力があるものがおすすめです。

m. ハンドミキサー

撹拌力が強く、素早く泡立てることができます。メーカーによって羽根の形や大きさ、パワーが異なるので、様子を見ながら作業します。

n. ハンドブレンダー

片手で扱うことができるスティック状のミキサー。アタッチメントが変えられるので、食材をつぶす、混ぜる、泡立てるなどさまざまな作業ができます。

加熱する

o. 鍋、深めのフライパン（各蓋付き）

材料や生地を温めたりゆでたりするほか、本書では蒸しかごをセットして蒸し器としても活躍します。

p. 蒸しかご

手持ちの鍋が蒸し器になる便利なフリーサイズの折りたたみ式。中央の持ち手は取りはずせます。使用後も簡単に洗え、かさばらずに収納できるのが魅力です。

q. 片手鍋

持ちやすく、しっかり固定できる片手鍋を選びましょう。

基本の道具

型

a. シフォン型 (直径18cm)

外枠と中枠を組み合わせた独特の形状。中央の円筒は、内側からも火を入れて熱の回りをよくし、膨らんだ軽い生地を支える役割をします。

b. 丸型 (底抜けタイプ。直径15cm)

冷やし固めたケーキや焼き上がった生地などを、ひっくり返さずに型から取り出せます。本書ではフッ素樹脂加工の型を使います。

c. 流し缶

(約14×11×高さ5cm、容量700ml)

冷やし固めるものや蒸し物などに使う流し箱とも呼ばれる型。関東型は正方形、関西型は長方形。底が二重になっていて、引き手を持ち上げると中身が取り出せます。オーブンに対応しているので、焼き菓子にも使えます。

d. 耐熱ガラスケーキ型

(16×21×高さ7cm)

オーブン、電子レンジ、オーブントースターに使える便利な型。中身が見えて、そのままテーブルに出すこともできるので、層を重ねるティラミスなどに向いています。

e. パウンド型 (20×7×高さ6cm)

パウンドケーキを焼くときに使う、長方形で深い型。型に生地がくっつかないように、紙を敷き込んで使います。

f. 耐熱紙カップケーキ型

(直径11×高さ3cm、容量90ml)

内側が樹脂加工された型離れがよい、紙製のカップケーキ型。本書ではマドレーヌに使用します。

g. ゼリー型

(約直径7×高さ4cm、容量80ml)

ゼリー、ババロア用の型。本書ではババロアに使用。冷やし固めるお菓子には熱伝導率がよく早く冷えるアルミ製がおすすめです。

h. プリン瓶 (蓋付き。容量90ml)

耐熱ガラス製ではないので急激な温度差に弱く、いきなり熱湯に浸けるなどすると破損の恐れがあります。本書のレシピに沿って使う限りは安全ですが、扱いには注意しましょう。

i. 角型 (15cm角)

正方形の型。四隅の角に生地が残りやすいので、使用後の手入れに気をつけてください。型に生地がくっつかないように、紙を敷き込んで使います。

分割・成形

j. バット
あんや生地を広げて冷ますときなどに使います。ステンレス製やアルミ製、ホーロー製が扱いやすい。サイズは大中小あると便利です。

k. めん棒
生地をのばす際などに使用。長さ40cm前後のものが使いやすい。使用後はぬらした布巾で汚れを拭き取り、陰干しで乾かします。

l. L字パレットナイフ
刃の根元がL字型に曲がっていて、生地にクリームを塗り広げるときに便利。へら部分が15cm前後のものが使いやすいです。

m. へら
あんやクリームを生地にのせたり、均一に塗るときに使います。手に持ちやすく、小回りのきく小さめサイズが重宝します。

n. 刷毛
生地の表面に卵液を塗るときや、シロップを塗ったり、余分な打ち粉をはらうときにも最適。樹脂製は熱に強く、手入れも簡単です。

o. ガーゼ
練りきりの生地を茶巾絞りにしたり、蒸す際などに使います。

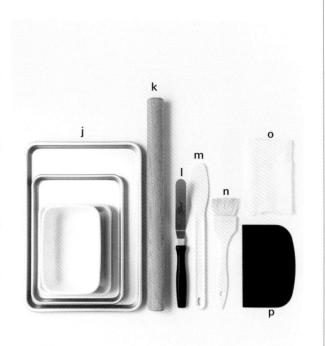

p. カード (ドレッジ)
プラスチック製やシリコン製の薄板。生地をまとめたり、切り分けたり、型に流し入れた生地を平らにならすのに役立ちます。

その他

q. 網 (ケーキクーラー)
焼いたり蒸したりしたものをのせて冷まします。脚つきなので底回りの風通しがよく、熱がこもらず素早く冷ますことができます。

r. 布巾
蒸し器に敷いて露取りをしたり、お菓子の乾燥を防ぐ役割も。さまざまに使えるさらしタイプがおすすめ。数枚を常備しておきましょう。

s. クッキングシート
表面にシリコン樹脂加工を施したシート。耐熱性が高いので、天板や型に敷き込むことで生地がくっつきません。

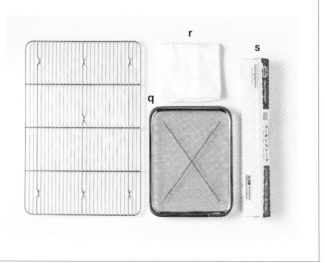

西川千栄
にしかわ ちえ

料理家。富山県生まれ。スタイリングの仕事に憧れ、食の仕事を始める。料理家のアシスタント後、野菜や果物に特化した資格を認定する会社に勤務し、生産者や流通の現場に触れる。その後、青果店や飲食店で野菜や果物を活用した料理やお菓子の調理に関わる。同時に、友人とともに、和菓子教室と季節菓子製作をおこなう「おもたせ菓子研究室」をはじめる（〜2016年）。現在は、素材を生かした季節を感じる食を大切にしたいと考え、料理や菓子の製作、教室、出張イベントなどを行っている。

撮影
邑口京一郎

デザイン
三木俊一＋髙見朋子（文京図案室）

スタイリング
曲田有子

料理アシスタント
海野綾子

執筆アシスト
鈴木美和

編集
関澤真紀子

編集担当
野中あすみ（ナツメ出版企画）

心ときめく 和のお菓子
こころ　　　　　　　わ　　　　　か　　し

2024年1月5日　初版発行

著者　　西川千栄　©Nishikawa Chie, 2024
　　　　にしかわ ちえ

発行者　田村正隆

発行所　株式会社ナツメ社
　　　　東京都千代田区神田神保町 1-52
　　　　ナツメ社ビル 1F（〒101-0051）
　　　　電話　03-3291-1257（代表）
　　　　FAX　03-3291-5761
　　　　振替　00130-1-58661

制作　　ナツメ出版企画株式会社
　　　　東京都千代田区神田神保町 1-52
　　　　ナツメ社ビル 3F（〒101-0051）
　　　　電話　03-3295-3921（代表）

印刷所　図書印刷株式会社

ISBN978-4-8163-7475-3
Printed in Japan
〈定価はカバーに表示してあります〉
〈乱丁・落丁本はお取り替えします〉

ナツメ社Webサイト
https://www.natsume.co.jp
書籍の最新情報（正誤情報を含む）は
ナツメ社Webサイトをご覧ください。

本書に関するお問い合わせは、書名・発行日・該当ページを明記の上、下記のいずれかの方法にてお送りください。
電話でのお問い合わせはお受けしておりません。
・ナツメ社webサイトの問い合わせフォーム（https://www.natsume.co.jp/contact）
・FAX（03-3291-1305）
・郵送（上記、ナツメ出版企画株式会社宛て）
なお、回答までに日にちをいただく場合があります。
正誤のお問い合わせ以外の書籍内容に関する解説・個別の相談は行っておりません。あらかじめご了承ください。